前　言

随着我国近年来的经济迅猛发展以及与国外先进医疗机构的频繁交流，心脏外科专业目前正处于迅猛发展阶段，一些大的医学中心已经接近或达到国际先进水平，但是很多基层医院的心脏外科还处于起步阶段。尽管相关书籍已有较多出版，但结合临床具体需要的手术类图谱还不多见，作者认为对术中的细节以图例方式描述往往更能直观地说明问题。因此，作者根据多年的临床经验和体会并参考众家之长，编写了本图谱。

本书着重以图解形式来阐述心血管外科手术中的基本问题，并配以翔实简练的文字说明，包括适应证、禁忌证、麻醉、体位、手术步骤、术中要点及术后处理。主要针对心外科中的常见病及多发病，对其他少见病种并未涉及，也未设关于心脏的应用解剖的单独章节，而是在各章节里对相关的解剖问题进行必要说明。全书共分为五章，除先天性心脏病按病种分类外，为便于理解和查阅，其他章节则按手术种类叙述。第1章主要针对心脏外科基础操作作详细的描述，并简单介绍心血管术后的处理常规。第2章对常见的先天性心脏病的外科治疗作详细分类叙述，特别是对年轻医生经常涉及的房间隔缺损、室间隔缺损等常见病种手术作逐步讲解，列举术中有可能出现的特殊问题及其处理方法。并系统地介绍了复杂性先天性心脏病大血管转位外科治疗的各种方法，包括大动脉调转术及最新术式大动脉根部转位和双心室流出道重建术。第3章主要涉及心脏瓣膜疾病，按类别叙述。除常规瓣膜置换手术外，对现代二尖瓣成形技术作了详细介绍。另外，对主动脉瓣置换术中狭小瓣环的各种处理方法也作了详细讲解，相信对于解决术中突发问题有一定帮助。在第4章冠状动脉粥样硬化性心脏病（冠心病）的外科治疗中，对于桥血管的取材、吻合的基本技术作详尽的描述。同时，对新兴的不停跳搭桥术以及心肌梗死后的并发症如室间隔穿孔、室壁瘤的处理予以介绍。在最后一章中介绍逐渐增多的大血管疾病，并详细介绍新兴的保留主动脉瓣的主动脉置换术。在重点讲解手术步骤的同时，还简明扼要地指出操作要点及术后处理原则。

限于技术水平、经验的局限，真诚地希望同道对书中的疏漏及不足之处不吝赐教指正。

目　录

第1章　心外科基础

第一节 切口及体外循环的建立

切口

心脏手术，绝大多数需行胸骨正中切口。皮肤切口的上端要略低于胸骨上窝，一般需全程劈开胸骨，在特殊手术时，可部分劈开胸骨（图1-1-1）。牵开胸骨后，逐层分离，下达膈面，上达胸腺，婴幼儿由于胸腺肥大，可作大部切除。下端可沿膈面向两侧切开心包（图1-1-2）。如可能使用自体心包，应偏向右侧切开心包，可预留出较大面积的心包。

主动脉插管

一般选择近右无名动脉的升主动脉，缝合荷包前，用手指触诊或用超声技术确定有无动脉硬化斑块（特别是在年纪大的患者中）（图1-1-3）。如果升主动脉较短，可将该处的心包返折向两侧分离。一般需要缝置两个相对的荷包线，缝合时要达主动脉壁的中层，不可全层，缝合范围要略大于插管直径，

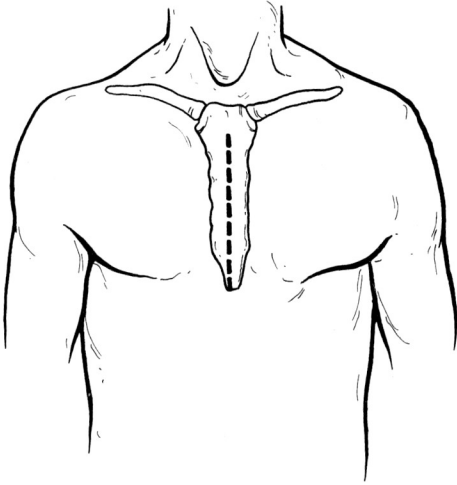

图1-1-1

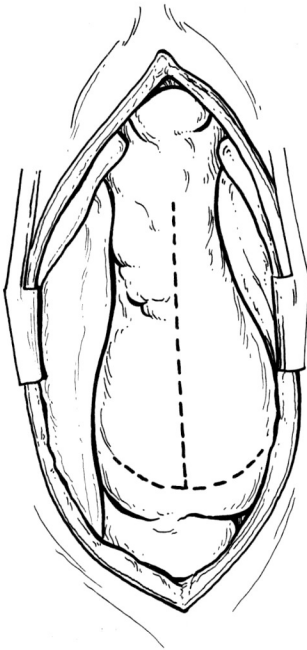

图1-1-2

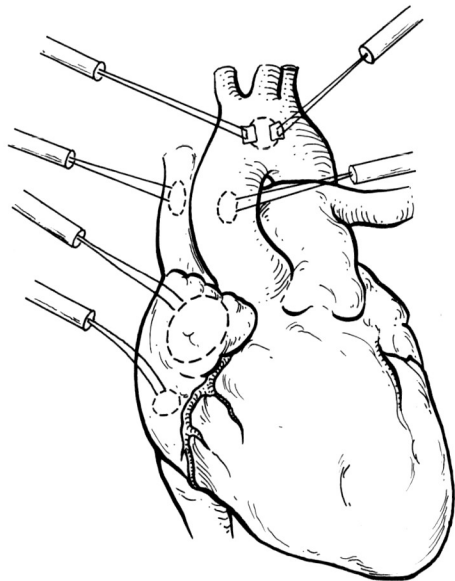

图1-1-3

主动脉壁菲薄者可加用垫片（图1-1-4）。插管前用剪刀分离主动脉外膜，用尖刀刺穿动脉壁全层后，直接插入主动脉插管（图1-1-5）。确认插管的开口方向后，立即固定，防止脱落（图1-1-6）。

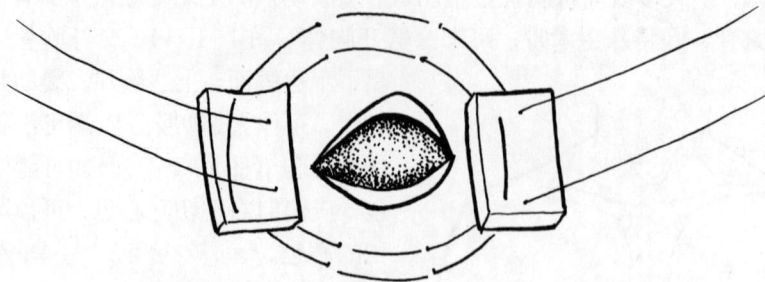

图1-1-4

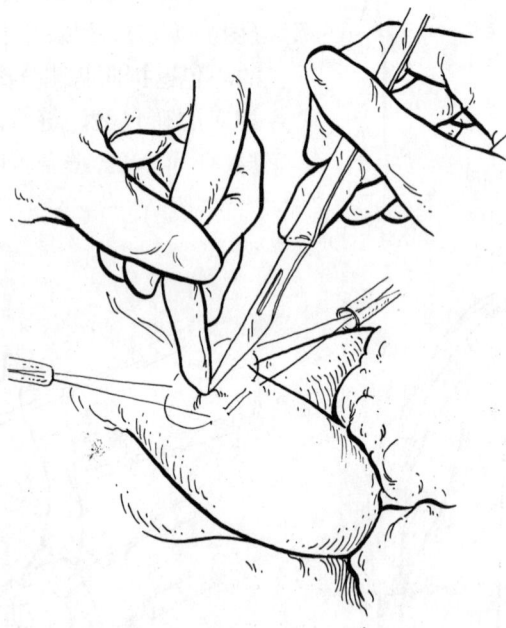

图1-1-5

注意事项

如果插管不顺利，千万不可使用暴力强行插管，否则可造成主动脉夹层形成。可用手指尖控制出血，然后用蚊式钳适当扩张主动脉切口，然后再重新插入。如果出血，局部视野不良，可结扎荷包缝线，换位置再重新缝线插管。在插管前一定要确定血压，过高容易造成动脉夹层，过低容易损伤主动脉后壁。

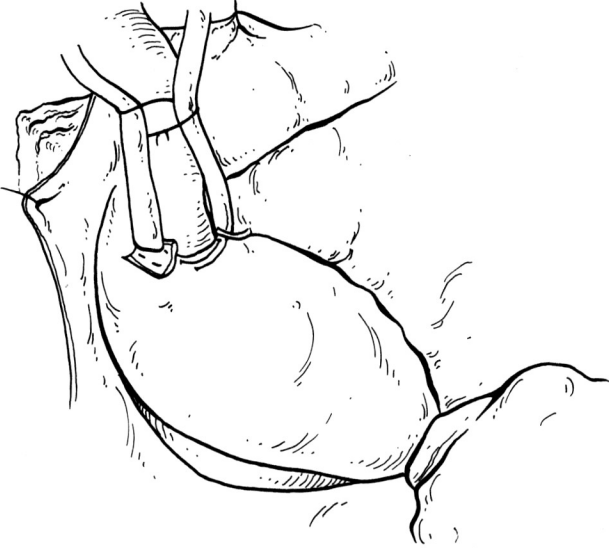

图1-1-6

股动脉插管

如果不能进行升主动脉插管，可行股动脉插管。在腹股沟中内1/3处做纵行切口，分离出股总动脉后，分别安置近远端阻断带，阻断欲切开部位的上下端（图1-1-7），横行切开股动脉，直视下插入动脉管（图1-1-8），结扎近端阻断带并固定（图1-1-9）。撤管后，用5-0 Prolene线修补切口。

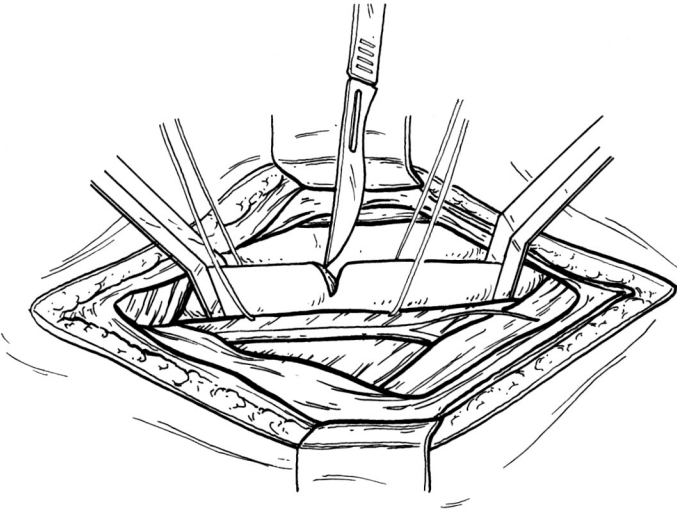

图1-1-7

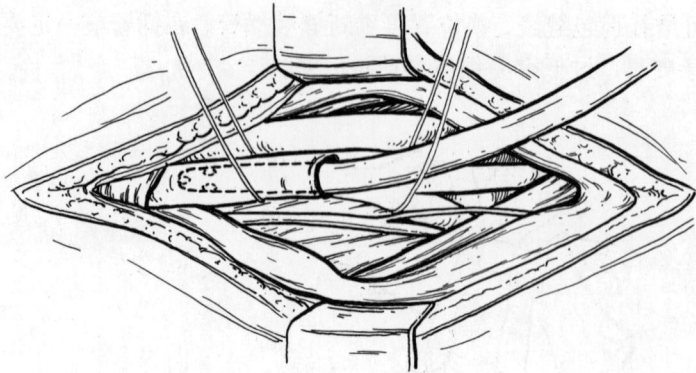

图 1-1-8

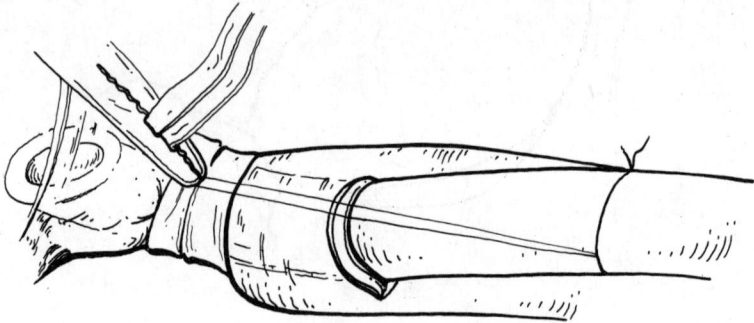

图 1-1-9

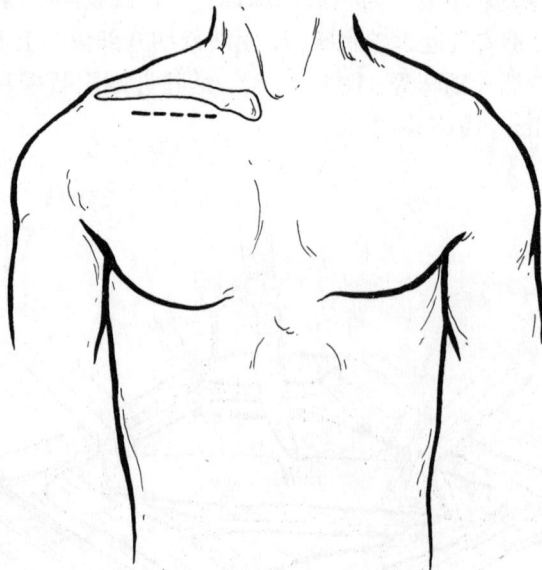

图 1-1-10

腋动脉插管

在右侧锁骨中外 1/3 的下方 2cm 处做横行切口（图 1-1-10）。分离胸大肌，首先分

6

离出腋静脉并牵向头侧。在其下方即可显露腋动脉，两侧套过阻断带（图1-1-11），横行切开腋动脉直接插入动脉导管，注意保护臂丛神经（图1-1-12）。

腔静脉插管

一般需行上、下腔静脉分别插管，可通过在右心房缝的荷包线分别插入静脉导管（图1-1-13）或在上、下腔静脉上直接插管（图1-1-14）。对不切开右心房的手术，如冠状动脉搭桥手术及主动脉瓣置换手术，可直接插入右心房二阶段插管（腔房管）（图1-1-

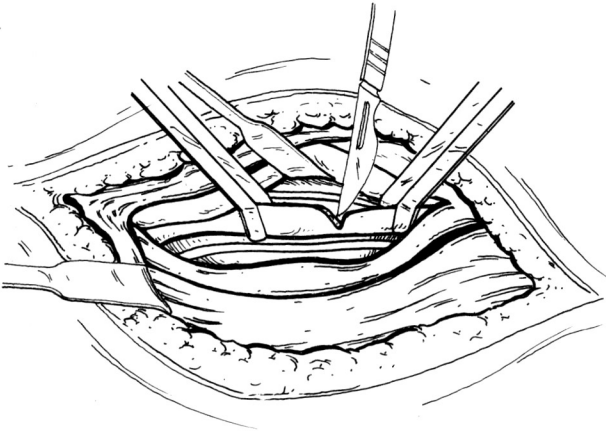

图1-1-11

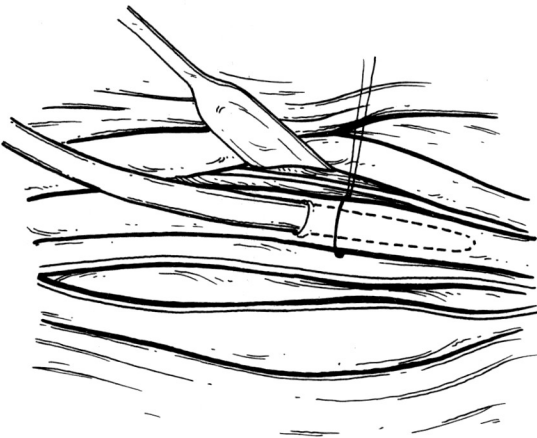

图1-1-12

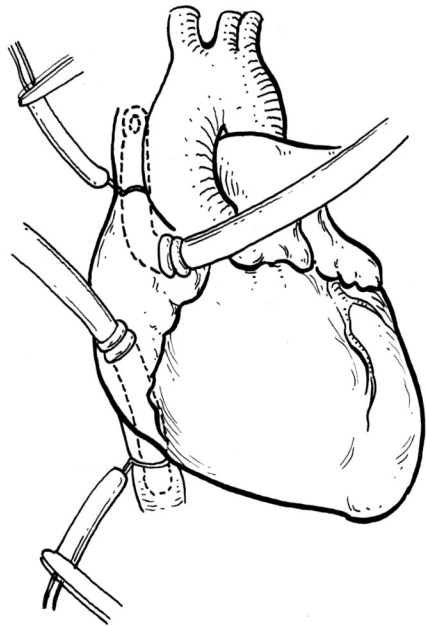

图1-1-13

15)，这样只需要在右心房上缝一处荷包线，就可简化手术操作。

股静脉插管

在二次开胸手术时，为预防开胸时的大出血或者右侧开胸无法显露下腔静脉时，可采用股静脉插管。切口同"股动脉插管"。插入静脉管时，一定要在导丝引导下，碰到阻力时不可用暴力，一旦静脉损伤出血，难于处理。插管的深度要达右心房（图1-1-16）。

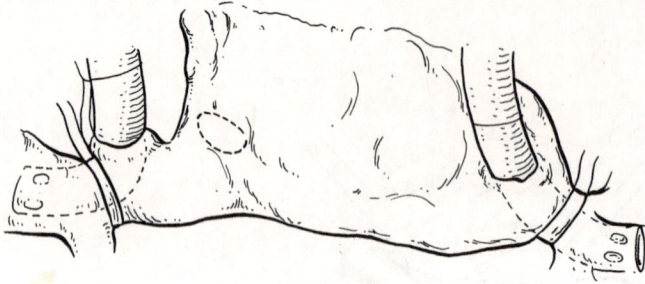

图1-1-14

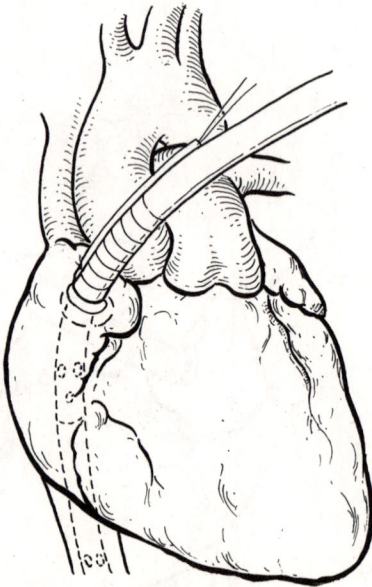

图1-1-15

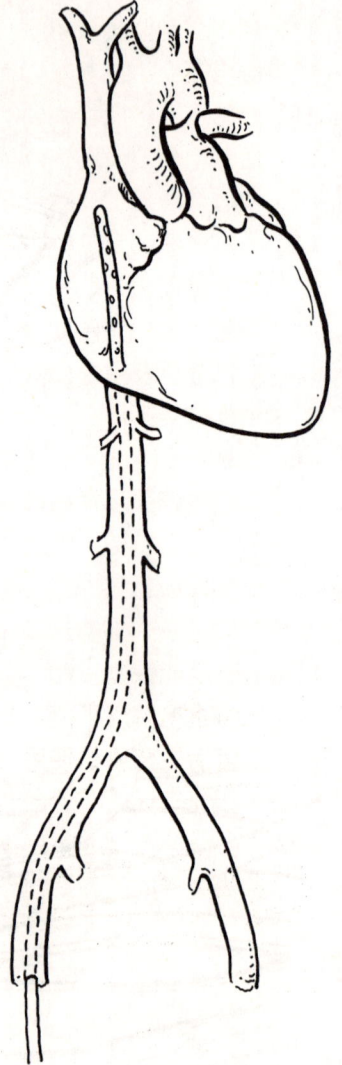

图1-1-16

第二节　心脏体外循环术后处理

术后监测

包括术后监测及一般处理。

术后监测主要是对术后的生理功能及生命指标进行动态观察。包括对患者的直接监护和利用各种监护设备进行连续监测。

心电图：主要观察心律失常、心率的快慢变化以及心肌缺血的情况。

动脉压：一般均需要有创连续压力监测。

血氧饱和度：需连续监测，简便可行，可实时反应氧合状态。

中心静脉压：反映机体容量状态，是补液的重要指标。

心排血量测定：对重症患者需在术前放置Swan-Ganz导管，可以监测中心静脉压，肺毛细血管楔压，心排血量及肺、体循环阻力，可直接了解心功能状况。

尿量：术后需留置导尿管并计量。尿量是反映组织灌注的敏感指标。

血气分析及电解质监测：是调整呼吸机参数，维持酸碱电解质平衡的重要指标。

中枢神经系统：记录术后清醒的时间及状态，肢体活动情况及认知能力。

心脏体外循环术后的一般处理

机械辅助通气：心脏体外循环术后短时间内一般均需呼吸机辅助呼吸，危重病例需要的时间更长。辅助通气可保证氧合、防止二氧化碳蓄积，减少机体氧耗及心脏负担，促进心脏功能恢复。

维持水电解质平衡：是维持循环状态稳定的重要前提。

血管活性药物的使用：由于体外循环及心脏缺血再灌注的影响，术后早期大多数病例需要用血管活性药物维持循环，一般常用的有多巴酚丁胺、多巴胺、肾上腺素、硝普钠等。

心律失常的处理：心脏体外循环术后可出现各种心律失常，必须给予严密监护，一旦出现，特别是室性心律失常，应予及时处理。

第2章 先天性心脏病手术

第一节 动脉导管未闭

适应证

确诊后，除禁忌证者外均应行手术治疗。婴幼儿导管未闭合并重度肺动脉高压，临床有难以控制的心力衰竭或并发感染性心内膜炎者应考虑尽早做手术。

禁忌证

合并其他心血管畸形而未闭导管起代偿作用，未纠正心血管畸形前不能闭合导管。艾森门格综合征。

麻醉

气管插管全身麻醉。

手术步骤

1.结扎术

体位与切口：患者右侧90°侧卧位，行左胸部后外侧切口，第4肋间入胸。对于小儿可采用左侧腋下纵行小切口，第4肋间入胸或经胸膜外分离，美观、创伤小。一般病例无须体外循环支持。

牵开切口后将左肺上叶向下推压，首先确认左膈神经及迷走神经的走行，平行迷走神经切开纵隔胸膜。如果将迷走神经牵向内侧，沿A线切开；如果将迷走神经牵向外侧，则沿B线切开（图2-1-1）。经降主动脉前缘及导管下后缘游离导管后壁，避免损伤动脉导管及喉返神经，解剖出动脉导管下窗（图2-1-2）。用直角钳从导管下极经导管内侧向头侧分离（图2-1-3），从上极穿出后，将两根结扎线从导管后穿过。结扎前将体动脉收缩压降至

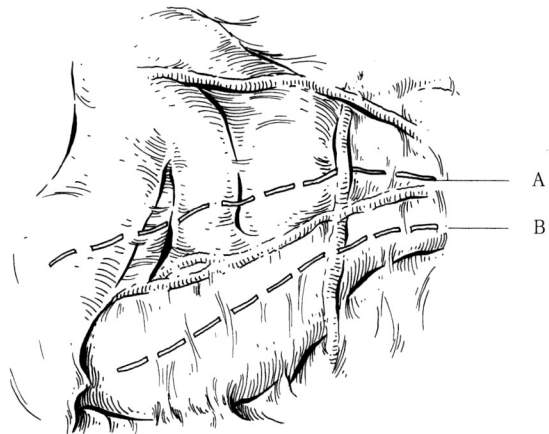

图 2-1-1

80～90mmHg，先结扎降主动脉侧，然后再结扎对侧（图2-1-4）。充分止血后，部分缝合纵隔胸膜切口，以利局部引流（图2-1-5）。放置引流管并常规闭合胸部切口。

2.切断术

体位同上。解剖导管操作同前述，在动脉导管的主动脉及肺动脉侧分别放置两把

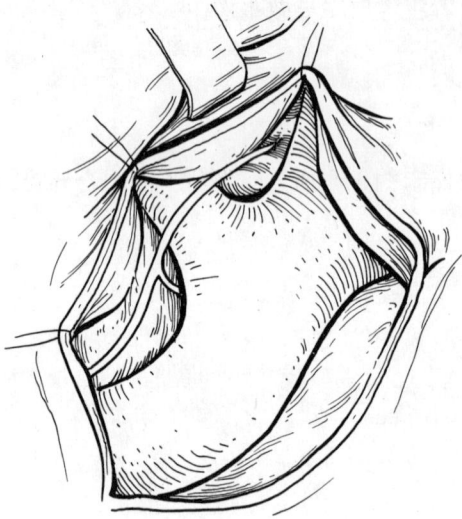

图2-1-2

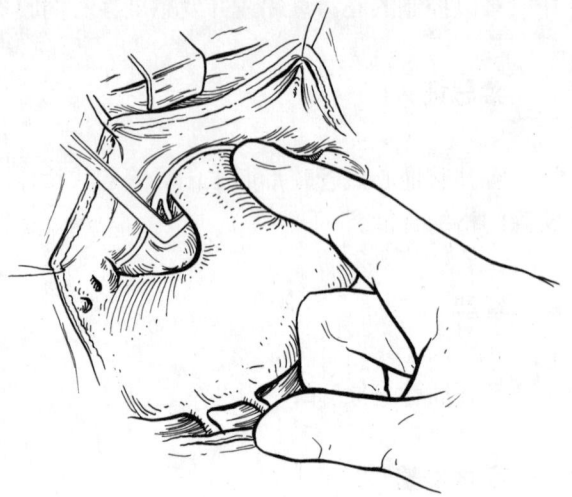

图2-1-3

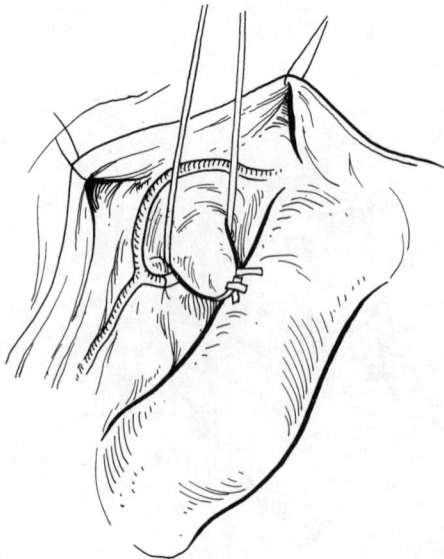

图2-1-4

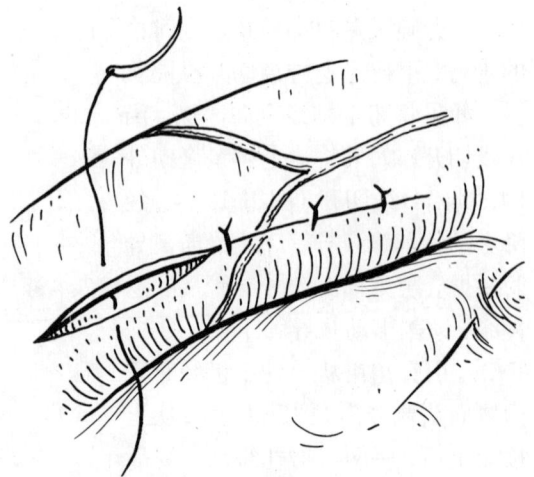

图2-1-5

Potts-Smith 血管阻断钳（图2-1-6）。切断动脉导管，血管断端用4-0 Prolene线作连续往返缝合（图2-1-7）。主动脉侧的缝合方法与肺动脉相同。在导管断端的中点缝第一针，然后再向两侧作连续缝合（图2-1-8）。

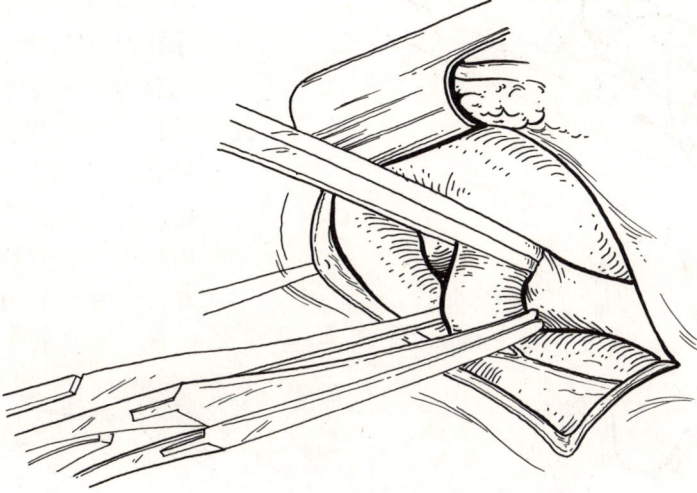

图 2-1-6

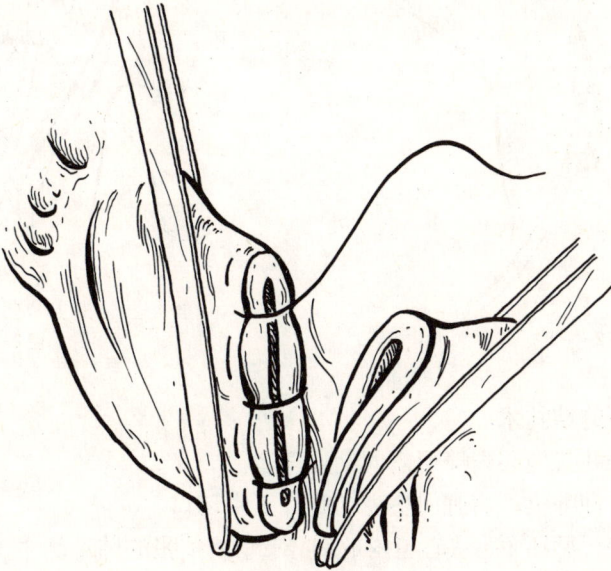

图 2-1-7

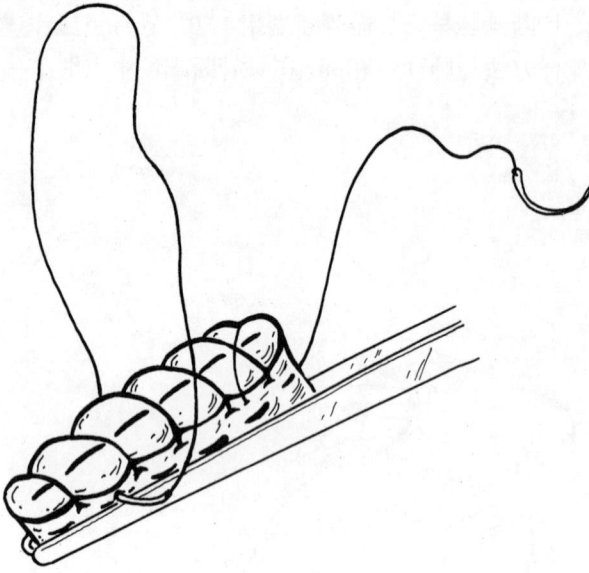

图 2-1-8

3.体外循环下的缝合术

一般适用于导管粗大，合并重度肺动脉高压尤其是年龄较大伴动脉导管钙化者。

体位及切口：仰卧位，肩胛间垫高。胸骨正中切口。

在体外循环低温低流量下，将主肺动脉纵行切开，辨清动脉导管开口，将Foley导尿管经动脉导管开口插入降主动脉（图2-1-9），用生理盐水充满球囊后，通过牵拉Foley导尿管来控制血流。沿导尿管开口边缘用5-0 Prolene线缝合动脉导管开口（图2-1-10）。

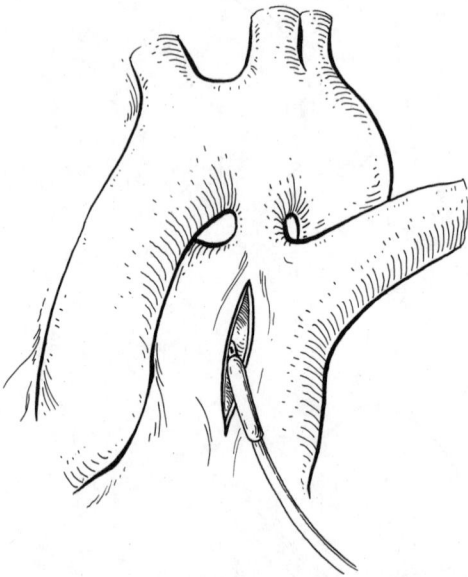

图 2-1-9

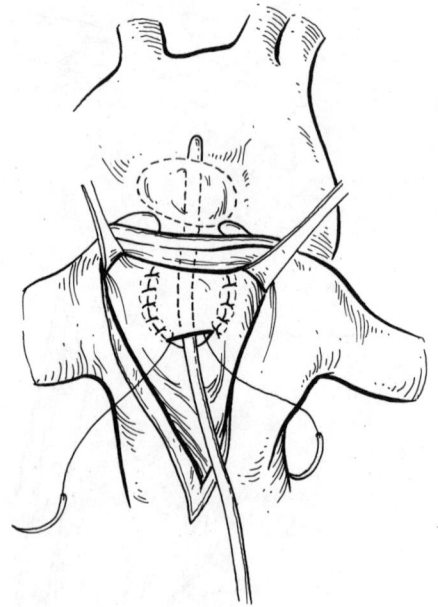

图 2-1-10

4.体外循环下的结扎术

一般适用于合并其他心内畸形需同期处理者。

体位及切口：仰卧位，肩胛间垫高。胸骨正中切口。

在体外循环并行循环下，从心包内解剖导管。将扩张的肺动脉主干向术者方向牵拉（图2-1-11），充分地显露出心包囊顶部，剪开局部心包返折后，用钝性剥离方法解剖，用直角钳穿过导管的后方（图2-1-12），引过两根结扎线（PDA-11）双重结扎导管（图2-1-13）。

术中要点

分离动脉导管时，切忌粗暴，结扎前需降压。一旦出血，切忌盲目钳夹，手指轻压控制出血。准备Potts-Smith钳，或在体外循环下止血。要辨别清楚局部解剖关系，防止误扎左肺动脉或降主动脉。喉返神经损伤多由于过分牵拉或钳夹和结扎导管时造成的。分离时将迷走神经、喉返神经连同纵隔胸膜组织一起推向前方，可减少此并发症。体外循环下手术时，并行循环后，要及时阻断导管血流，防止灌注肺发生。低流量体外循环下缝合时，要保持头低位，防止空气进入头部。

术后处理

常规术后监护处理。控制血压，防止高血压脑病的发生。

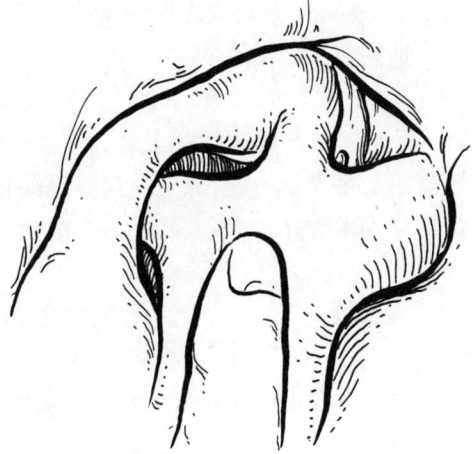

图 2-1-11

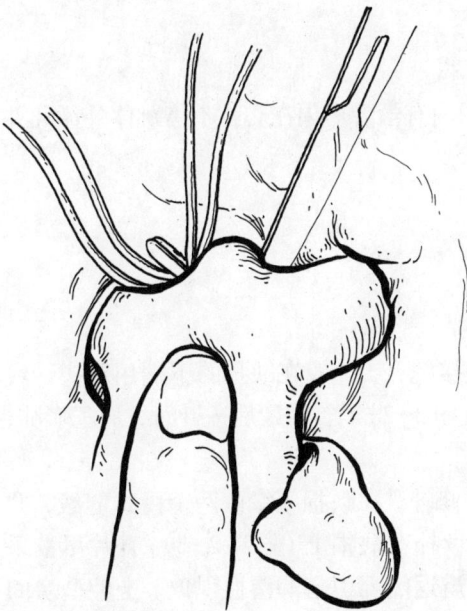

图 2-1-12

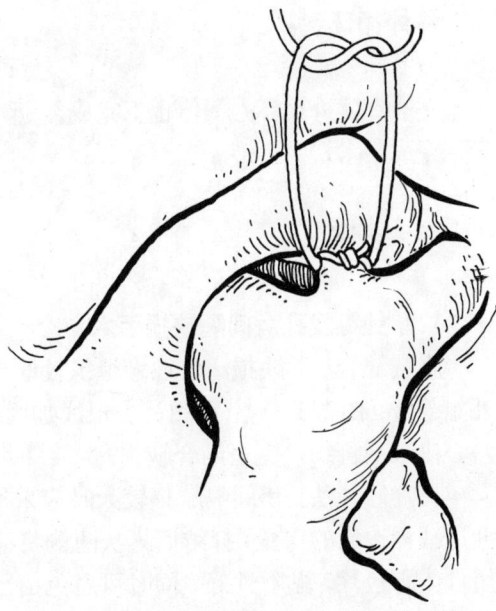

图 2-1-13

17

第二节 房间隔缺损手术

适应证

凡确诊的房间隔缺损患者，且右心容量负荷增大，Qp/Qs＞1.5时，均应手术治疗，年龄不是手术禁忌证。原发孔房间隔缺损较大且合并二尖瓣返流，左向右分流量均较大，需尽早手术治疗。

禁忌证

房水平发生右向左分流，出现发绀（艾森门格综合征）者，为手术禁忌证。

麻醉

气管插管全身麻醉。

体位及切口

仰卧位，肩胛间垫高。胸骨正中切口。

体外循环

一般在体外循环心搏停止下完成，近年来国内有学者提倡在心脏不停跳体外循环并行下完成手术。

手术步骤

1. 单纯继发孔房间隔缺损手术

直接缝合法：缺损小且边缘组织较厚者可直接缝合。一般在缺损的下端用双头针线开始缝合（图2-2-1），再用另一根线加固缝合（图2-2-2）。缝最后一针时，加压膨肺，左心排气后打结，完全闭合缺损。

补片修补法：房间隔缺损较大时应采用补片修补。在缺损下缘做两个褥式缝线，并缝过缺损边缘的房壁，打结后再从两侧将补片连续补在缺损上（图2-2-3）。补片尽量采用自体心包片，贴附性好，同时可避免由于二尖瓣返流而引起的溶血现象。上腔型房间隔缺损靠近上腔静脉入口，要直接在上腔静脉上做静脉插管，右心房切口需延伸到右心

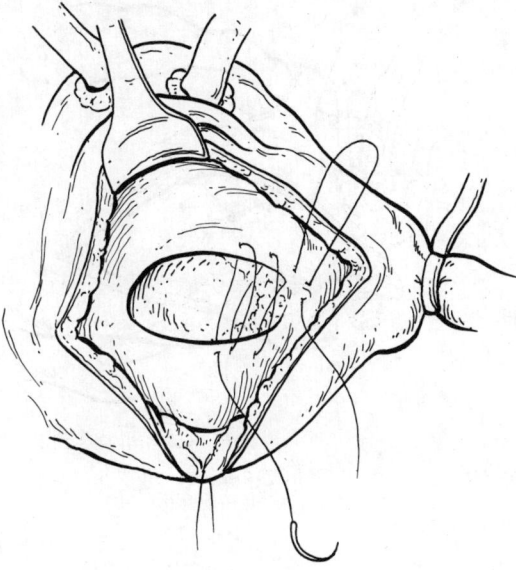

图 2-2-1

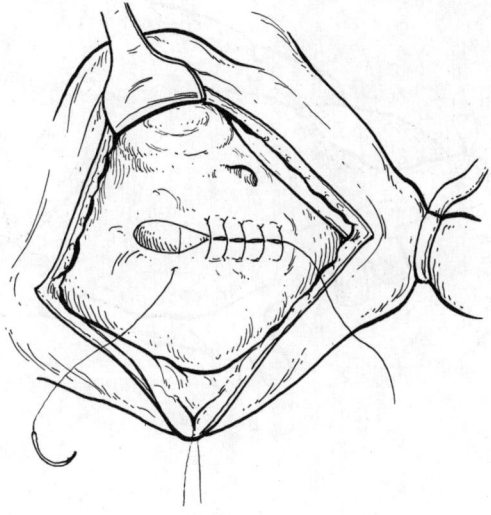

图 2-2-2

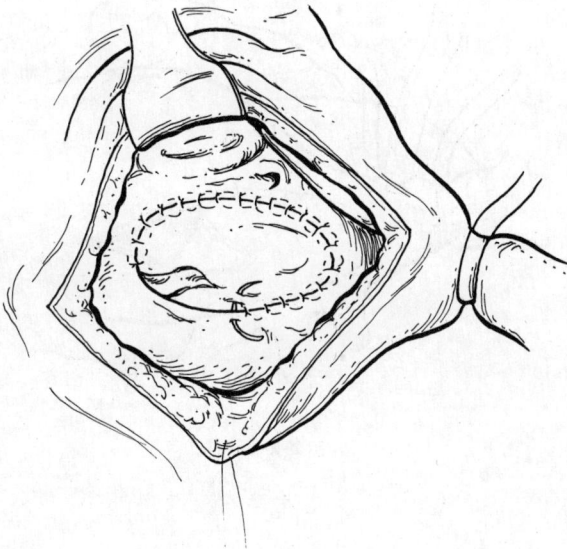

图 2-2-3

房与上腔静脉交界处，充分显露缺损（图 2-2-4）。一定要用补片修补缺损（图 2-2-5），直接缝合可造成上腔静脉开口狭窄，最后用补片加宽心房切口（图 2-2-6）。

2. 继发孔房间隔缺损合并部分型肺静脉异位回流至右心房

要确认肺静脉开口的位置，如果有肺静脉开口在右心房侧即为合并部分型肺静脉异位引流（图 2-2-7），需要用补片将异位的肺静脉开口隔离至左心房侧（图 2-2-8）。

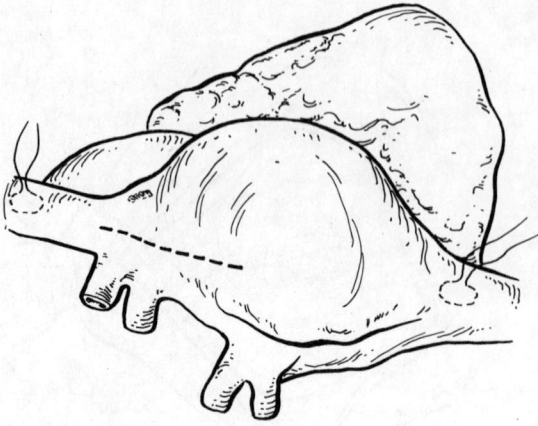

图 2-2-4

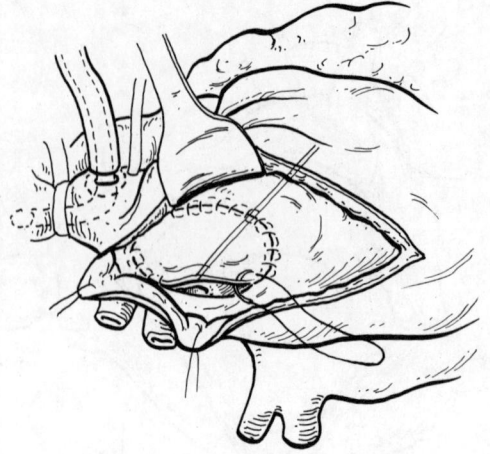

图 2-2-5

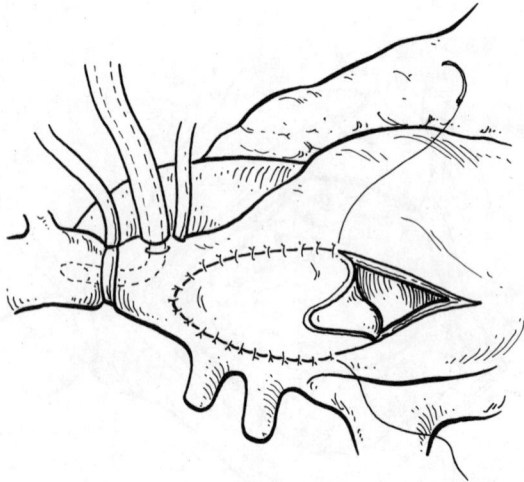

图 2-2-6

3.无顶冠状静脉窦型房间隔缺损

一般并存左上腔静脉，汇入左心房顶部（图2-2-9）。冠状静脉窦可以是部分无顶，这时可以直接缝合或者用补片修补。对于冠状静脉窦完全无顶的病例，需扩大房间隔缺损，用心包补片做心房内隧道，将左上腔静脉隔离至右心房（图2-2-10）。

术中要点

术中注意探查有无其他畸形，要注意一定要看到二尖瓣时才能修补房间隔缺损，防止漏诊三房心畸形。缝合时一定要缝在肌性间隔上，否则可造成缝线撕脱。如果在缺损

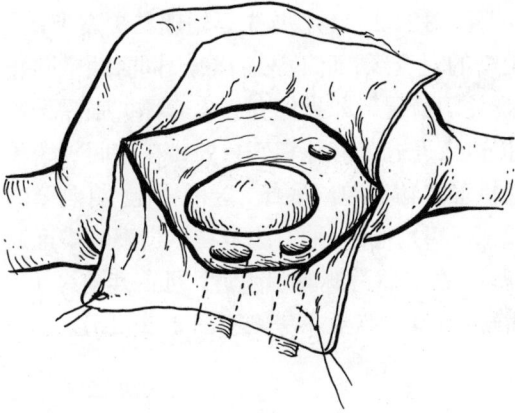

图 2-2-7

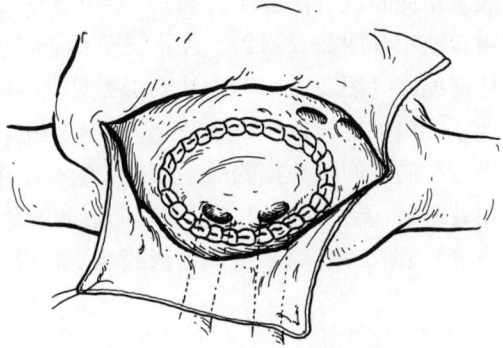

图 2-2-8

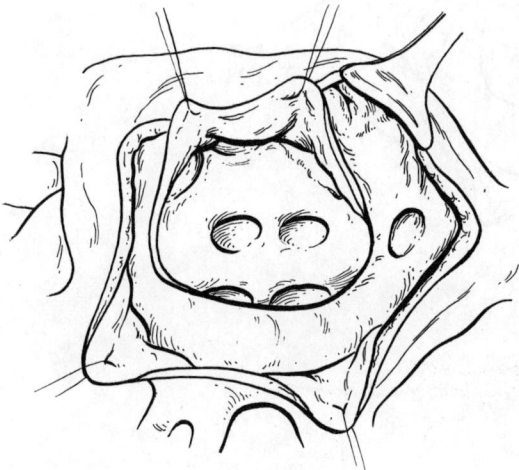

图 2-2-9

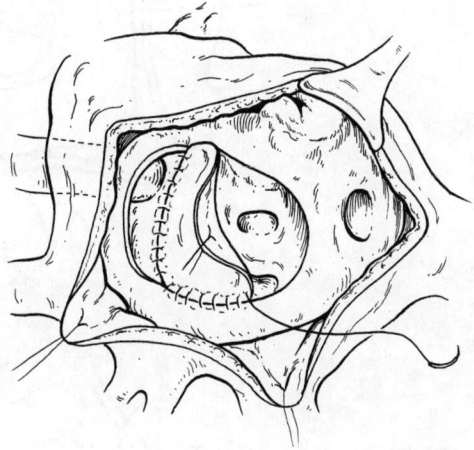

图 2-2-10

上部进针过深，可损伤主动脉窦部。不要误将下腔静脉瓣当做房间隔缺损下边缘缝合。腔静脉型房间隔缺损处理时一般需要用补片修补，防止腔静脉入口狭窄，必要时需加宽心房切口。缝合要确实，否则一旦朝向腔静脉处出现残余漏时可造成腔静脉血入左心房的严重后果。合并部分型肺静脉异位引流时，如果房间隔缺损小，可扩大房缺保证肺静脉回流通畅。

4.原发孔房间隔缺损

行上、下腔静脉直接插管可更好显露畸形。切开右心房后仔细探查病变，要确定没

21

有心室间的交通，确认二尖瓣裂及乳头肌的位置（图2-2-11）。首先要处理二尖瓣裂，一般采用间断缝合法缝闭瓣裂。一定要缝在二尖瓣的对合缘，而不是游离缘，同时注意防止瓣口狭窄（图2-2-12）。注水试验检查二尖瓣关闭情况，如果伴有二尖瓣环扩张需行瓣环缝缩术（图2-2-13）。从二尖瓣裂处至缺损边缘近冠状静脉窦开口处，在室间隔嵴靠近二尖瓣根处作数个褥式缝合，将缝合线穿过拱形自体心包的底缘，落下结扎。将剩余的心包片向房间隔缺损的后上缘连续缝合（图2-2-14）。另一种方法是在三尖瓣隔瓣近瓣根处缝合，越过隔瓣中点后，转向冠状静脉窦口。在冠状静脉窦口附近，可在其前缘（需浅缝）（图2-2-15）或者后缘缝合，将冠状静脉窦口隔离至左房侧（图2-2-16）。

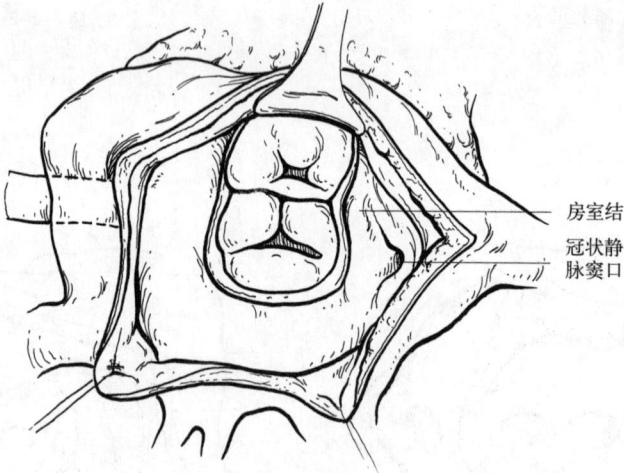

房室结

冠状静脉窦口

图 2-2-11

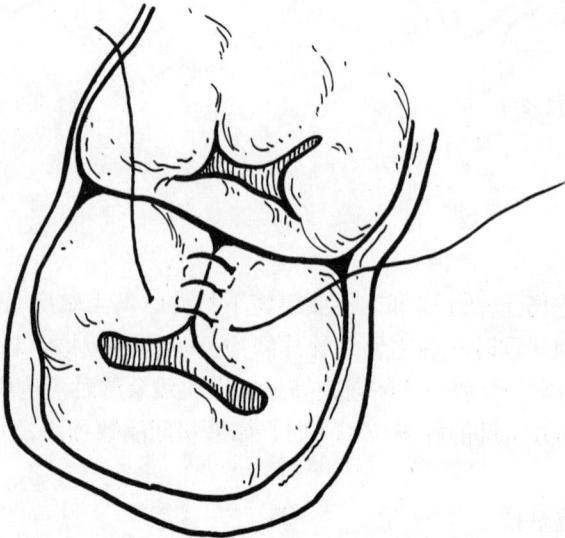

图 2-2-12

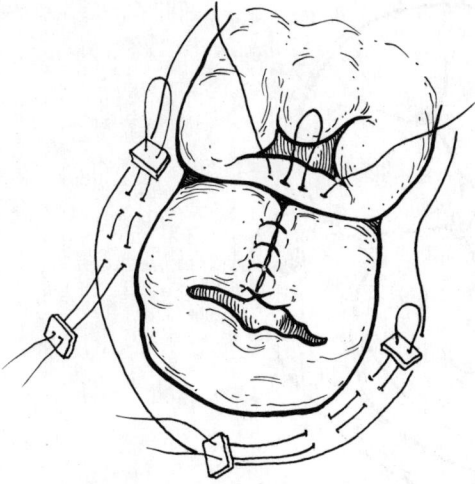
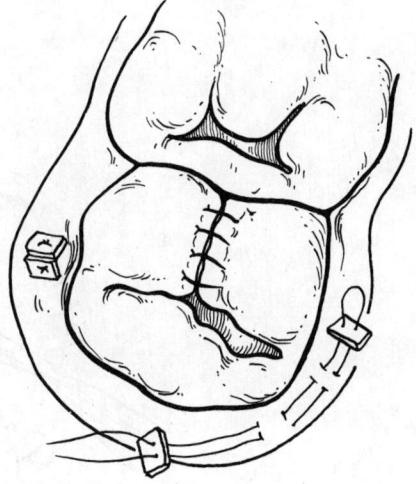

图 2-2-13

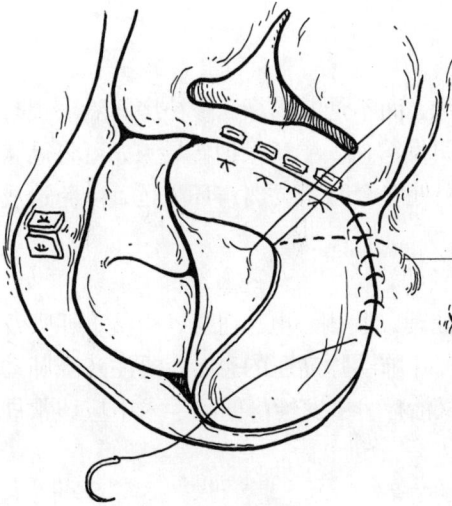

房室结

冠状静
脉窦口

图 2-2-14

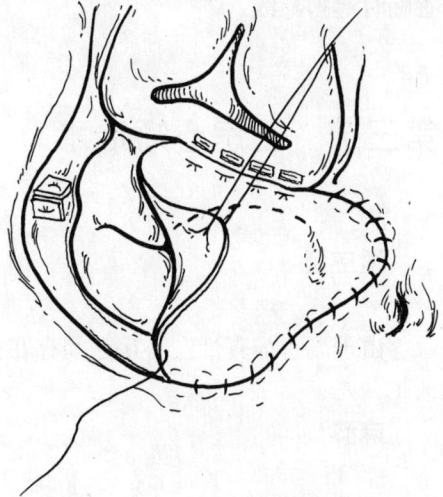

图 2-2-15

23

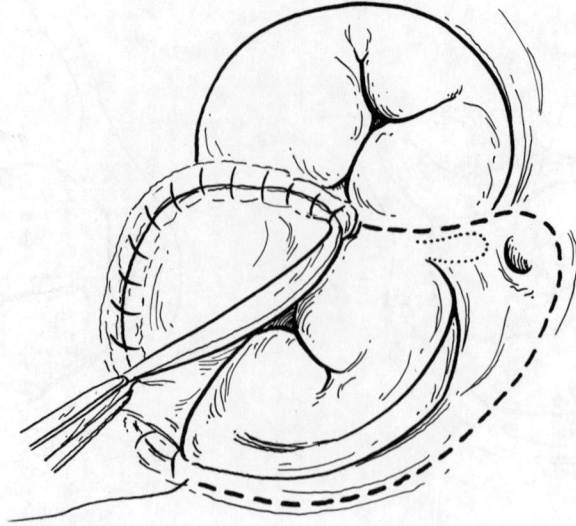

图 2-2-16

术中要点

处理二尖瓣裂时，一定要缝在瓣膜的对合缘，而不是游离缘。修补房间隔缺损时应避免使用人工补片，防止术后二尖瓣残余返流引发溶血。注意保护传导束，可将冠状静脉窦口隔离至左房侧，避免损伤传导束。在瓣根处缝合时不要离瓣环太远，以免造成术后瓣膜关闭不全。

术后处理

一般病例处理简单。同一般体外循环术后处理，监测心电、血压，引流，呼吸及循环辅助。一般可在术后早期拔出气管插管。对合并肺动脉高压的患者，要注意降肺动脉压处理，包括米力农、氧化亚氮吸入及过度通气治疗。原发性房间隔手术中应该常规安置临时起搏导线。

第三节　三房心矫治术

适应证

由于副房与真性左心房之间存在狭窄，症状出现较早，一旦确诊应及时手术治疗。

麻醉

气管插管全身麻醉。

体位及切口

仰卧位，肩胛间垫高。胸骨正中切口。

体外循环

常规体外循环。

手术步骤

多采用右心房切口。右心房切开后，通常可见房间隔缺损，向上、向下切开房间隔，将房间隔缺损扩大。如无房间隔缺损，切开卵圆窝，进入左心房。左心房内副房隔膜中央常有一小交通口（图2-3-1），用直角钳伸进交通口探查隔膜的范围，剪开隔膜达左心房壁，在距左心房壁3mm处将整个隔膜切除缝合，最后用补片修补房间隔缺损（图2-3-2）。如果副房是与右心房相连，可经右心房切口将房间隔缺损扩大（图2-3-3），同时切除副房与左心房间的隔膜，最后补片修补房间隔缺损（图2-3-4）。

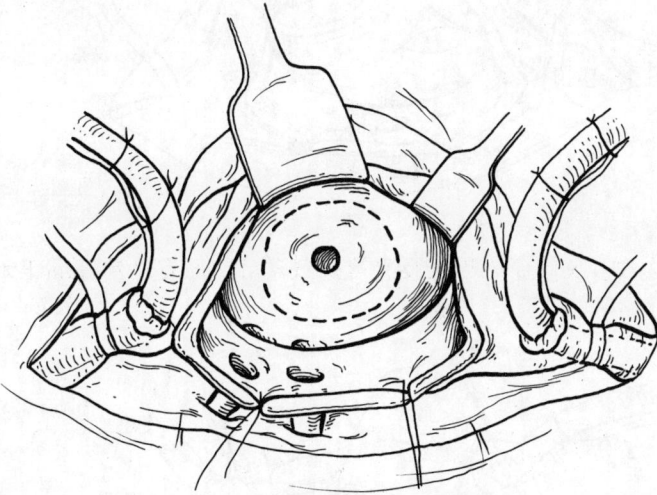

图2-3-1

手术要点

认清隔膜与左心房壁的关系，既将隔膜彻底切除，又不损伤左心房壁。左心房内的任何操作，一定要注意肺静脉开口和二尖瓣的位置，避免术后肺静脉开口狭窄或损伤二尖瓣结构而影响远期效果。

术后处理

同一般体外循环术后处理。

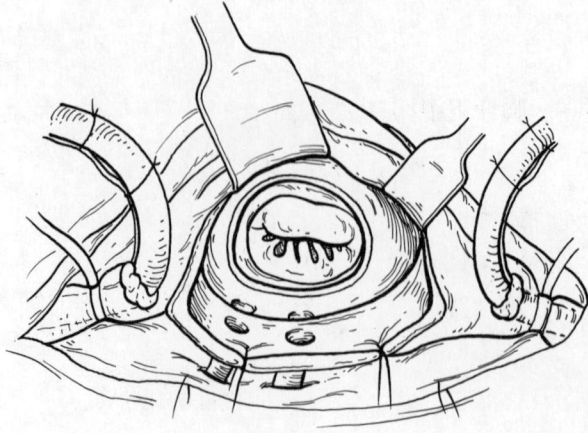

图 2-3-2

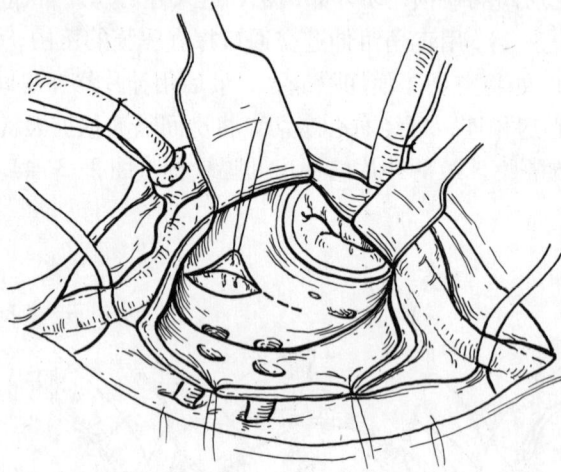

图 2-3-3

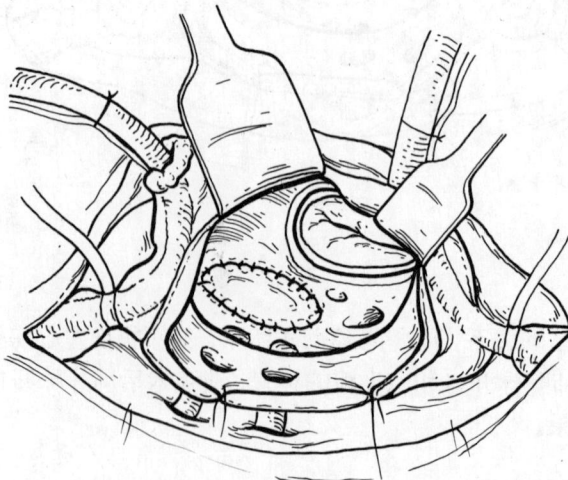

图 2-3-4

第四节　室间隔缺损修补术

适应证

Qp/Qs>2 或肺血管阻力 ≥ 4Wood 单位，提示分流量较大，应该及时手术，肺动脉干下型室间隔缺损可能会导致主动脉瓣关闭不全，应尽早手术。

禁忌证

艾森门格综合征。

麻醉

气管插管全身麻醉。

体位及切口

仰卧位，肩胛间垫高，胸骨正中切口。

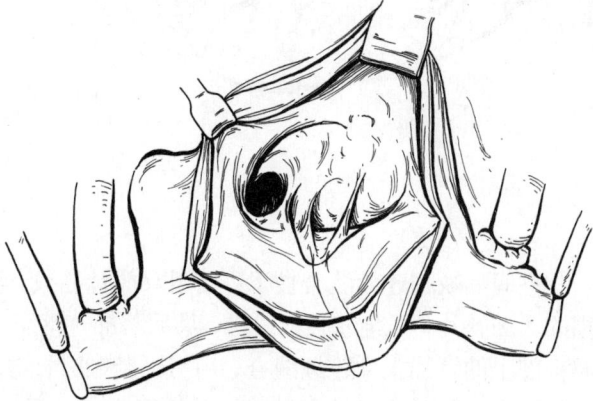

图 2-4-1

体外循环

常规体外循环手术操作。

手术步骤

经右心房切口：切开右心房，牵开三尖瓣隔叶即可显露出室间隔缺损（图2-4-1）。右心房内有 Koch 三角做标志（图2-4-2），传导束通过该三角走行经缺损后下缘的左心室面，术中避免损伤传导系统。

经右室流出道切口：当经右心房切口显露室间隔缺损欠佳或室间隔缺损位于高位时，可做右室流出道纵行切口（图2-4-3）。有异常冠状动脉跨过右心室前壁时，可做右室流出道横行切口（图2-4-4）。

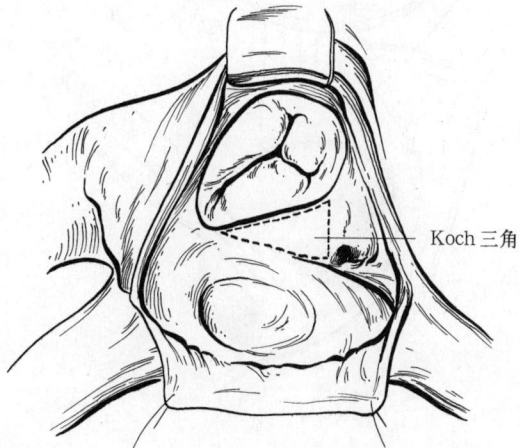

Koch 三角

图 2-4-2

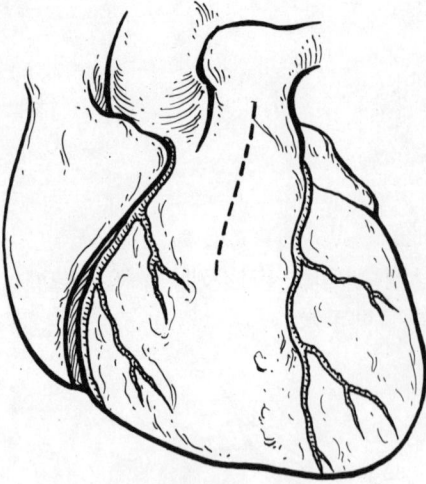

图 2-4-3

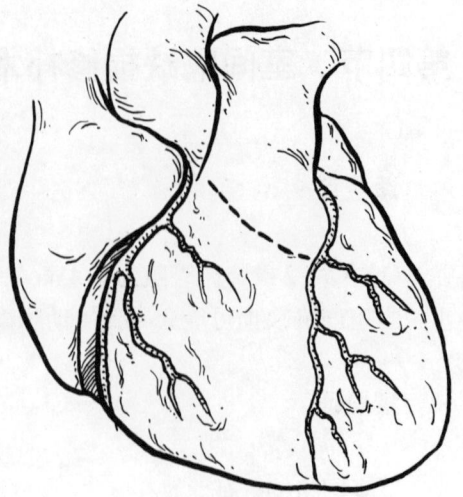

图 2-4-4

室间隔缺损连续缝合技术：使用双头针缝线，从12点位开始，穿过略大于室间隔缺损的人工补片，再穿过肌性边缘，最后将补片落下（图2-4-5）。按逆时针方向沿主动脉瓣根部上的缺损上缘连续缝合，用另一针顺时针缝合，接近后下缘时采用平行传导束走行的缝合，然后将缝针穿过三尖瓣的隔瓣叶（图2-4-6）。

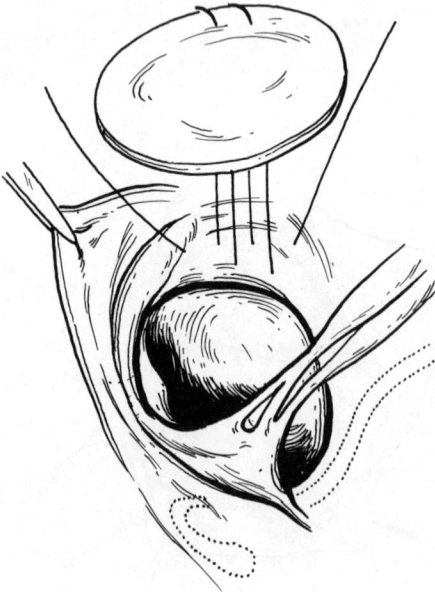

图 2-4-5

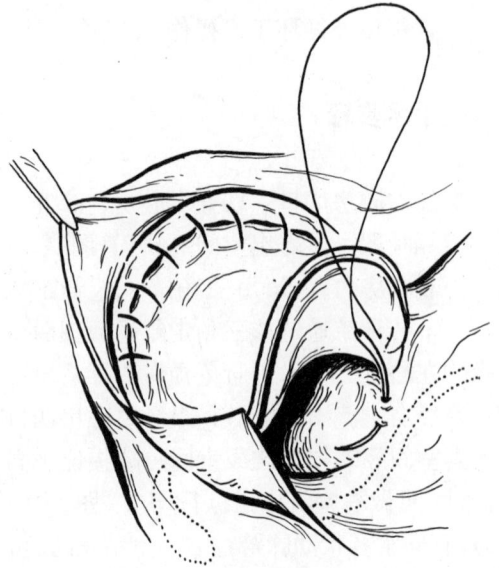

图 2-4-6

间断缝合技术：用双头针线带小垫片作间断褥式缝合（图2-4-7）。第一个褥式缝在缺损前缘1点位（图2-4-8）。然后逆时针方向再缝数个褥式缝线，要看清缺损边缘，防止损伤主动脉瓣叶（图2-4-9）。一般需要缝两个转移针，一个在主动脉瓣环附近，转移针要远离主动脉瓣环（图2-4-10）。另一针在三尖瓣隔瓣环与室间隔交界处，先缝室间隔再缝三尖瓣隔瓣根部，然后用另一端缝在瓣叶根部，两针均穿过补片，将瓣叶与间隔间的间隙完全闭合（图2-4-11）。缝数个带垫片的间断褥式缝线，每针都从房面穿过隔瓣叶根部再穿过补片（图2-4-12），缝线不要距三尖瓣瓣环太远，否则影响瓣叶功能。在缝后下缘时，注意避开内乳头肌及腱索（图2-4-13），保护三尖瓣的功能。更安全的

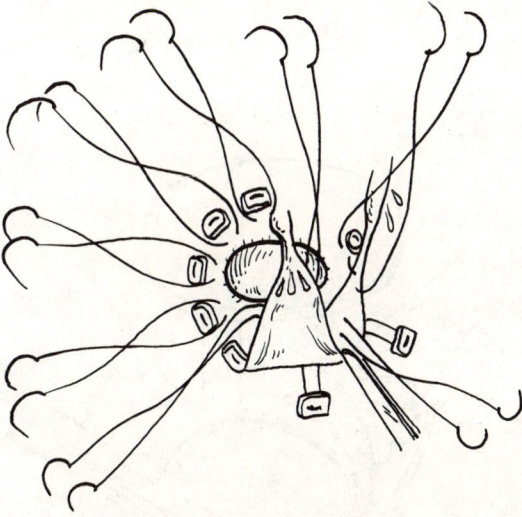

图 2-4-7

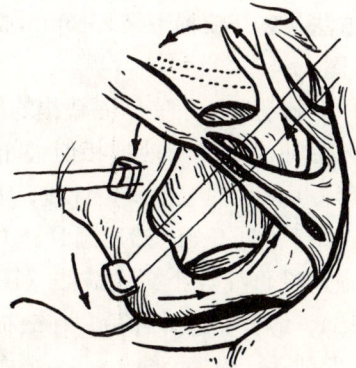

图 2-4-8

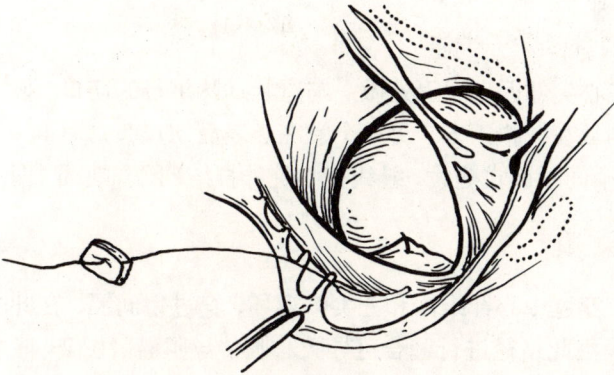

图 2-4-9

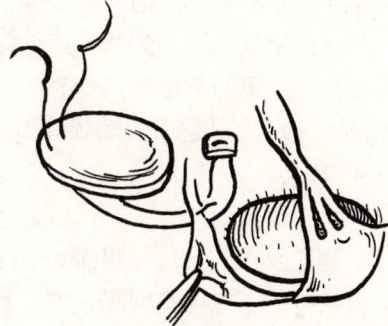

图 2-4-10

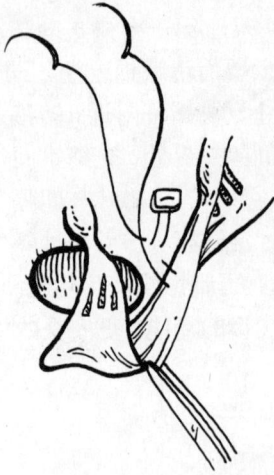

图 2-4-11

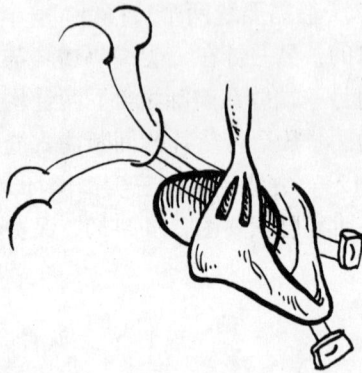

图 2-4-12

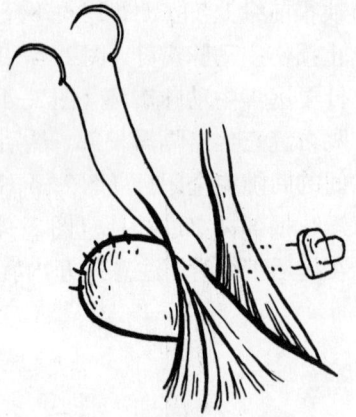

图 2-4-13

方法是离开缺损下缘3~5mm放置缝线（图2-4-14）。

肺动脉干下室间隔缺损的修补：将人工补片剪成与缺损相似大小的栗子形，用垫片的无创双头针线，从缺损右下缘7点处开始，然后顺时针方向沿缺损边缘再缝数个褥式缝线（图2-4-15），缝针穿过补片后，在缺损的上缘（近肺动脉瓣处）缝2~3个褥式缝线于瓣环上，在肺动脉内侧缝入，垫片留在半月瓣窦内（图2-4-16）。缝线打结后，利用最后一根缝线，继续顺时针方向连续缝合缺损缘的其余部分（图2-4-17），直至与第一针汇合打结，将补片固定于缺损的右心室面（图2-4-18）。

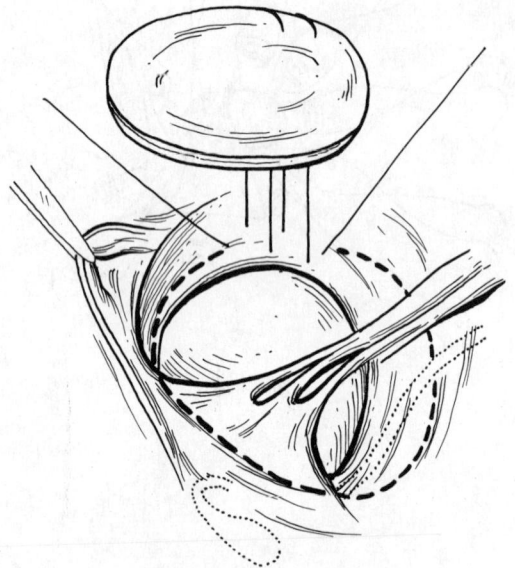

图 2-4-14

肌部室间隔缺损的修补：一般在心尖部近室间隔处做一与冠状动脉平行的切口。显露出缺损，用两条毡条，一个在心内放在缺损下方，另一个放在心表面切口旁，用4-0 Prolene线，穿过毡条及缺损缝2~3个间断褥式缝线，缝线在心脏外打结，闭合缺损（图2-4-19）。

术中要点

避免发生心脏传导阻滞。希氏束穿过中心纤维体和三尖瓣瓣环，穿过室间隔，在此处沿缺损的下缘向室间隔左侧走行。沿此路径进行缝合可导致心脏传导阻滞（图2-4-20），因此平行、浅缝靠近缺损边缘的白色心内膜，应通过透明的内膜看得见缝针（图

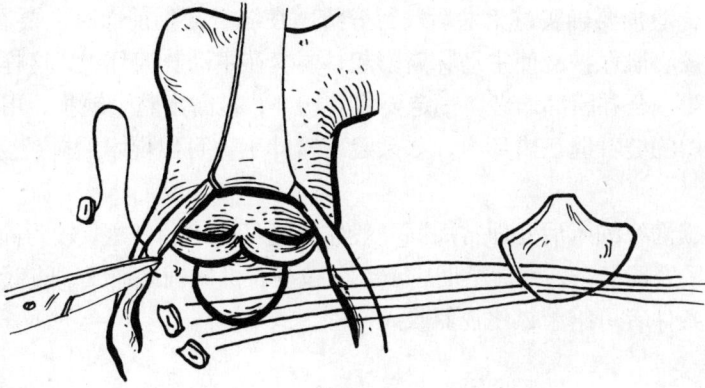
图 2—4—15

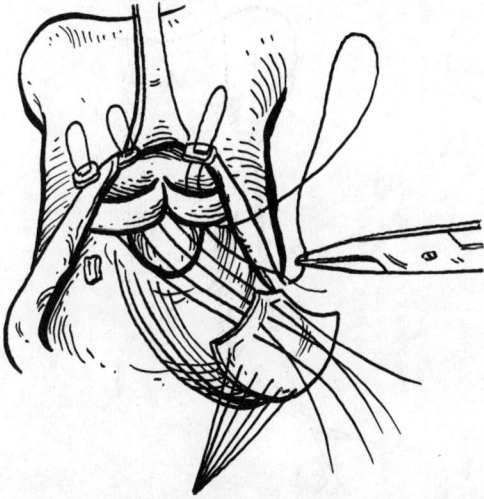
图 2—4—16

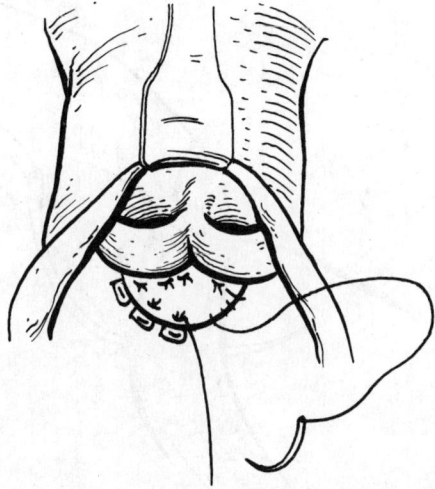
图 2—4—17

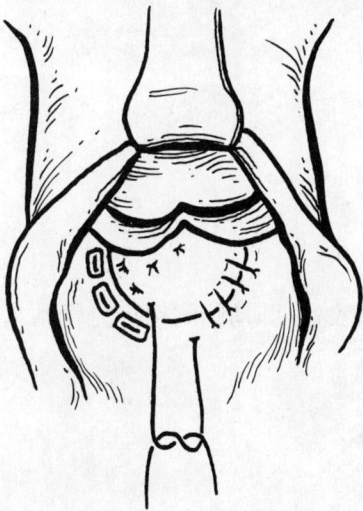
图 2—4—18

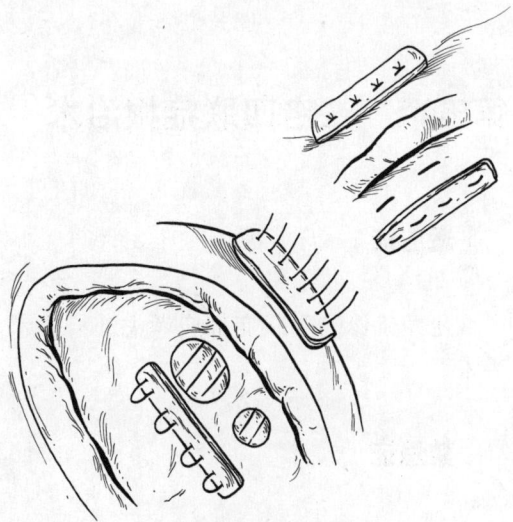
图 2—4—19

31

2-4-21）。闭合缺损要确实避免术后残留分流。在缝合缺损前缘时，要看清主动脉瓣，必要时灌注少量心肌保护液使主动脉瓣膨起，要缝在主动脉瓣环上，这样才牢靠，要防止误伤主动脉瓣。合并膜部瘤者，一定要将其切开，显露出整个缺损，用补片修补。转移到三尖瓣隔瓣的缝针缝在瓣环上，如果缝在瓣叶上，可出现术后撕裂。

术后处理

室间隔缺损修补的术后处理常规同一般体外循环的术后常规，较为简单。如合并严重肺高压，术后处理复杂。术后早期应予充分镇静，机械辅助通气，防低氧血症和二氧化碳潴留。有条件者可给予氧化亚氮吸入治疗。

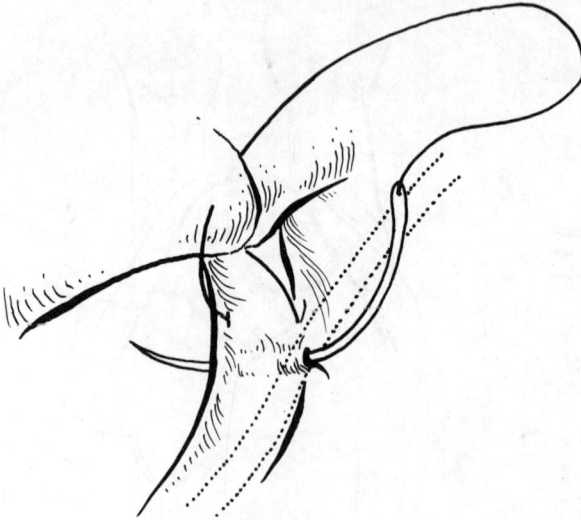

图 2-4-20

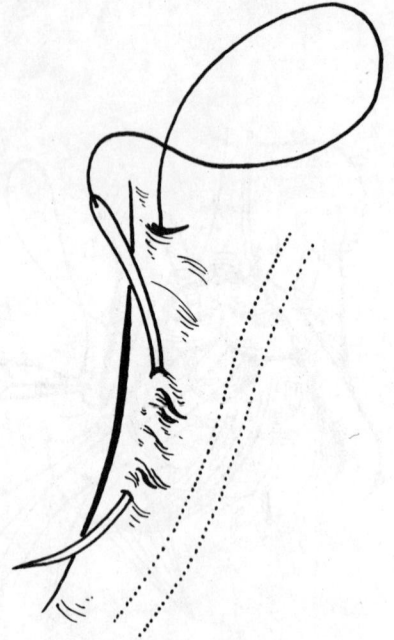

图 2-4-21

第五节　法洛四联症根治术

适应证

凡经确诊的四联症都应考虑外科手术。如肺动脉发育差、肺动脉闭锁可先行姑息手术。

禁忌证

肺动脉发育差或两侧肺动脉严重狭窄者，左心发育不良者及顽固性心力衰竭者。

麻醉

气管插管全身麻醉。

体位及切口

仰卧位，肩胛间垫高，胸骨正中切口。

体外循环

常规体外循环操作。

手术步骤

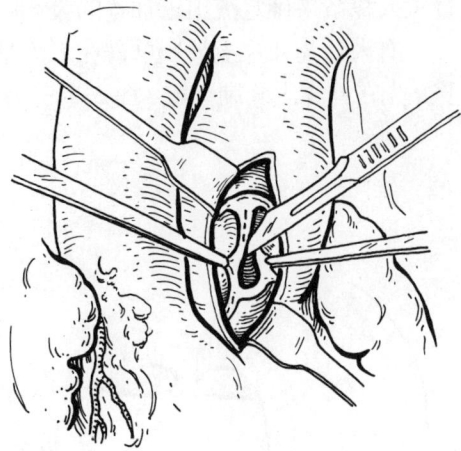

图 2-5-1

肺动脉狭窄处理：行肺动脉纵行切口，止于瓣环上方 2~3mm 处，显露瓣环的根部（图 2-5-1）。提起相邻的两个瓣叶，切开融合交连至瓣环（图 2-5-2）。如瓣口仍不够

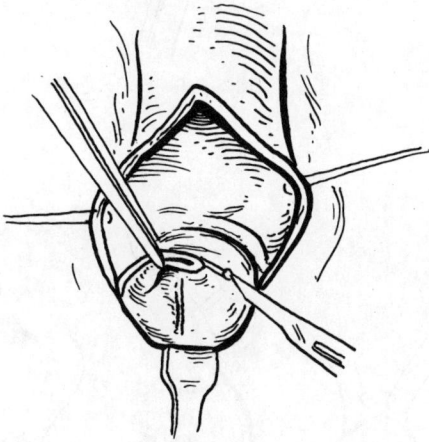

图 2-5-2

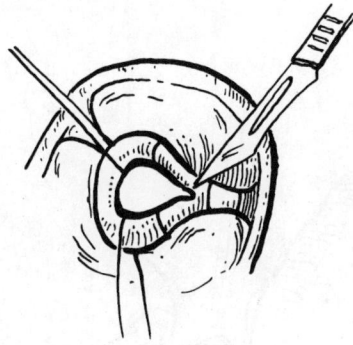

图 2-5-3

大，则需将瓣叶的附着处切开，以进一步扩大瓣口（图 2-5-3），使三个瓣叶落到正常水平位置，进一步消除狭窄（图 2-5-4）。如瓣环狭窄，可延长切口至右室流出道（图 2-5-5）。肺动脉瓣如为二瓣畸形，通常瓣叶较长，可从右心室切口将瓣叶拉到右心室内（图 2-5-6），沿融合的交界切开狭窄的瓣口（图 2-

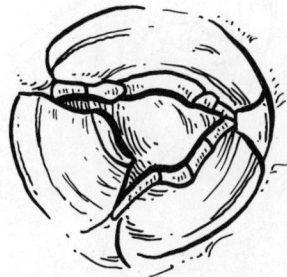

图 2-5-4

5-7)。如合并右室流出道狭窄，用自体心包跨环补片法加宽右室流出道（图2-5-8）。通过放入探条来确定流出道加宽的大小（图2-5-9）。流出道加宽的标准可参考表1、表2。

有人认为补片上缝制单瓣在术后早期对防止肺动脉返流有好处。心包补片单瓣的制作：先在补片上缝制单瓣（图2-5-10），然后将补片的瓣叶平面a、b点固定在患者瓣口

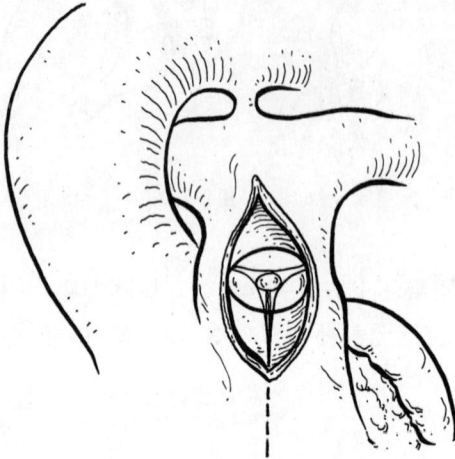

图2-5-5

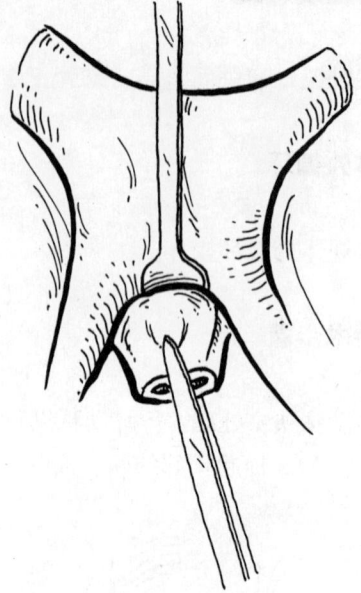

图2-5-6

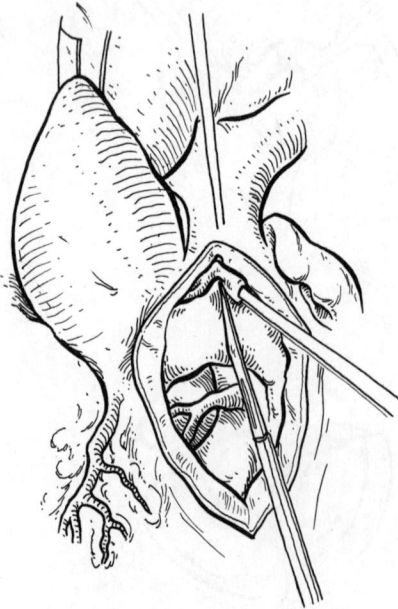

图2-5-7

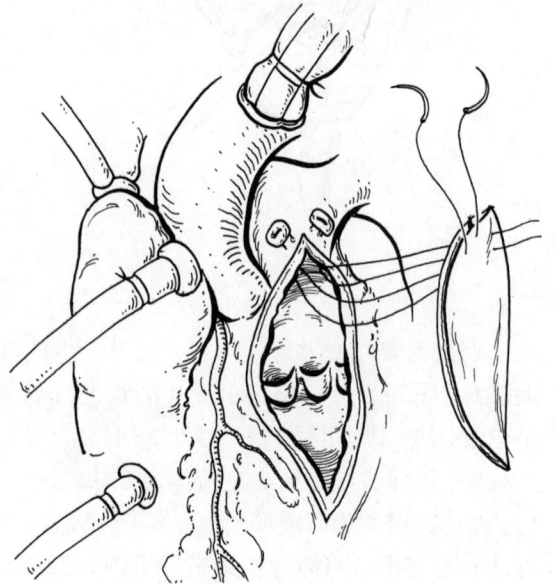

图2-5-8

34

表1 婴幼儿肺动脉加宽标准

体重（kg）	5	6	7	8	9	10	12	14	16	18	20
直径（mm）	7.6	8.0	9.0	9.5	10	11	12	13	13.5	14	15

表2 儿童及成人肺动脉加宽标准

体重（kg）	26～30	31～40	41～50	51～60	61～70	>71
直径（mm）	15	16	17	18	19	20

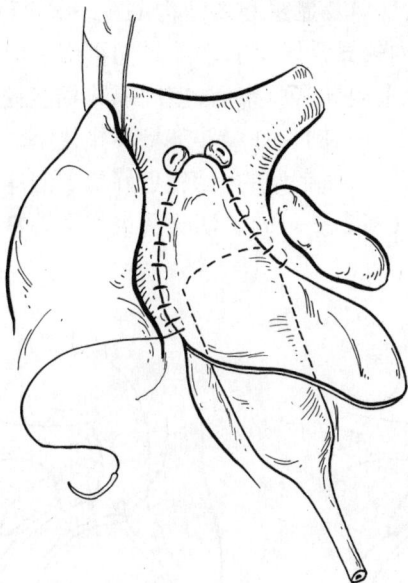

图 2-5-9

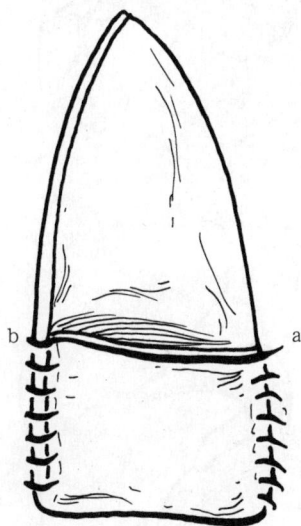

图 2-5-10

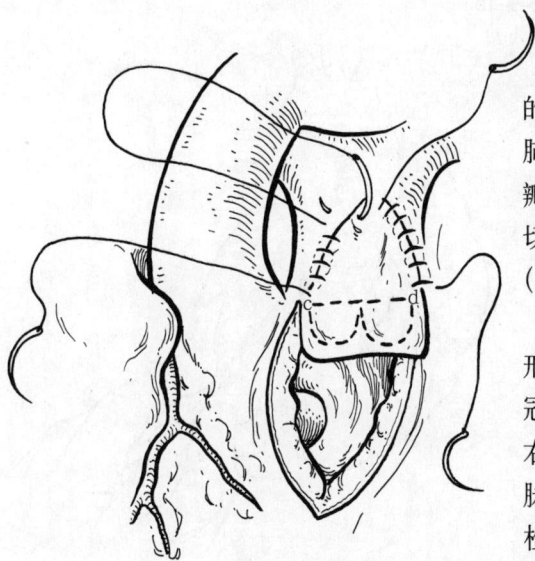

图 2-5-11

的 c、d 点上，从肺动脉切口两侧连续缝合至肺动脉切口顶点，两线汇合打结，补片的单瓣应与肺动脉瓣环水平（图2-5-11）。心脏切口的下半部分用另一块自体心包片缝合（图2-5-12）。

异常冠状动脉的处理：异常冠状动脉畸形的处理。在5%～30%的病例中，会出现冠状动脉走行异常。异常的冠状动脉常横跨右室流出道，增加手术危险性。异常冠状动脉走行的方式见图2-5-13。术前心脏超声检查一般可作出诊断。处理：可通过经肺动脉及右心房联合切口来做右室流出道的疏

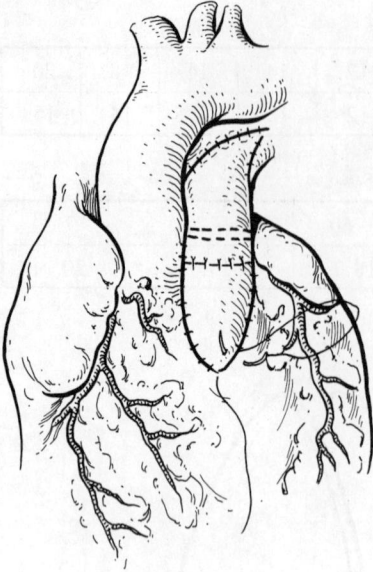

图 2-5-12

通，也可以在异常冠状动脉的上、下方分别做切口，疏通并补片加宽（图 2-5-14）。在特殊病例中，也可采用右心室到肺动脉的心外管道连接术。

右室流出道狭窄的疏通：右室流出道切口不宜过大，以免影响右心室功能及术后心律失常（图 2-5-15）。在右室流出道心外膜上缝两根牵引线，纵行切开右心室壁，将切口下的肌束切断一部分（图 2-5-16）。扩大切口及显露心内结构（图 2-5-17）。明确右心室腔内的异常肌束。切除时勿损伤三尖瓣前乳头肌。切除室内异常肌束后，室间隔缺损能较好显露出来（图 2-5-18）。如漏斗部呈环状狭窄，可向头侧牵拉切口，剪掉肥厚的组织，更好暴露漏斗部及室间隔缺损（图 2-5-19）。切除壁束与右心室前壁

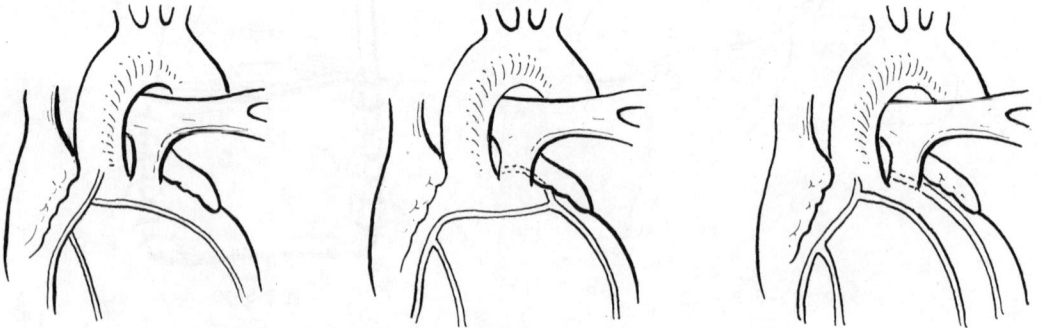

图 2-5-13

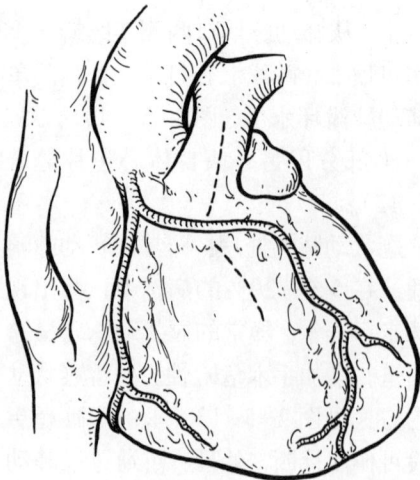

图 2-5-14

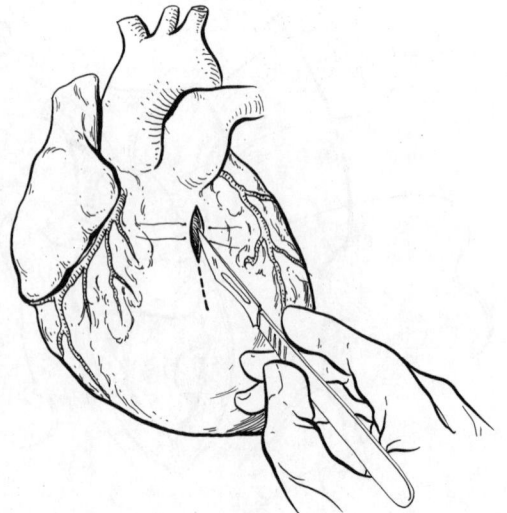

图 2-5-15

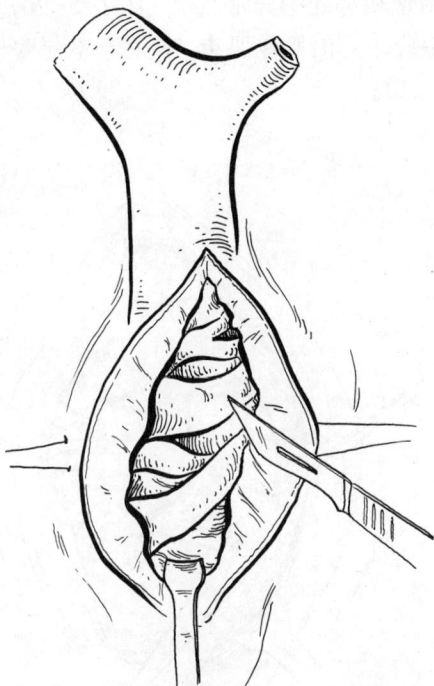

图 2-5-16

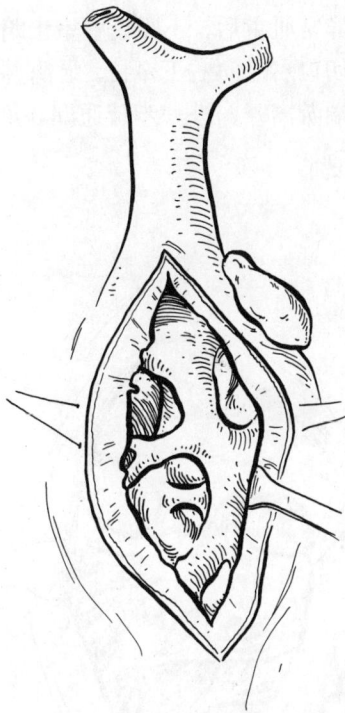

图 2-5-17

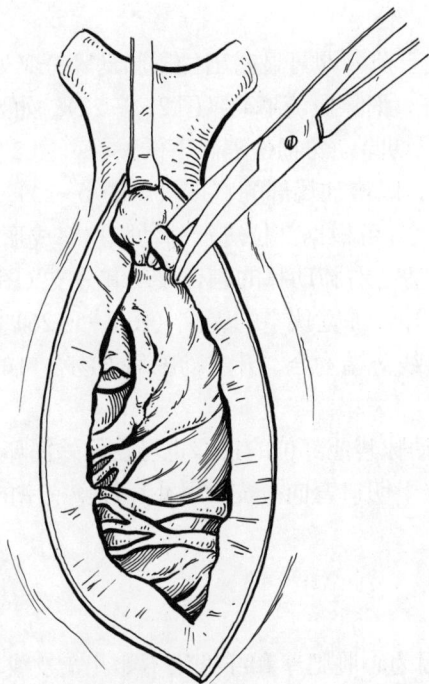

图 2-5-18

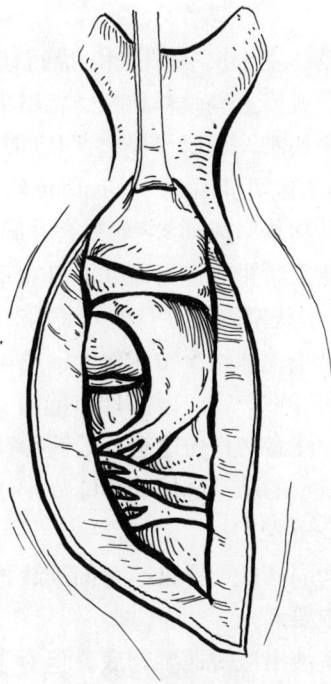

图 2-5-19

相连的异常肌束后，还要松解室上嵴与右心室前壁相邻处的异常肌束（图2-5-20）。将右心室切口右缘向右下牵拉，显露并切断切口中段下方的肥厚肌束，使右心室前壁与室上嵴右端游离开，进一步疏通漏斗部（图2-5-21）。

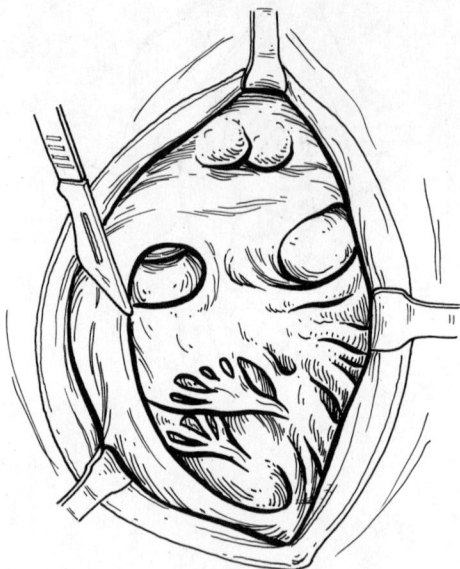

图 2-5-20

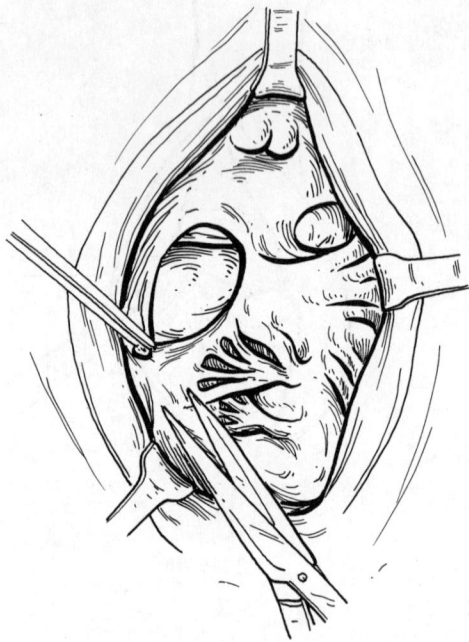

图 2-5-21

肺动脉主干狭窄解除术：纵行切开肺动脉主干前壁即可显露出位于肺动脉分叉处的增生内膜或瓣上隔膜样狭窄，将增生的内膜剪开，消除血流障碍（图2-5-22）。如为瓣上的隔膜狭窄，用镊子提起，从肺动脉壁上予以切除，勿损伤隔膜下的瓣叶（图2-5-23）。肺动脉切口用5-0 Prolene线作补片修补，以增加局部的宽度（图2-5-24）。

肺动脉狭窄成形术：如果合并肺动脉系统狭窄，可根据部位进行肺动脉狭窄成形术。在主动脉阻断钳的近心端切断升主动脉，显露出左、右肺动脉的融合段及其分支（图2-5-25）。沿狭窄段及平行血管长轴切开管壁，用补片加宽狭窄的管腔（图2-5-26）。将切断的升主动脉用5-0 Prolene或4-0 Prolene线对端吻合。升主动脉后方吻合口的缝针一定要非常严密，以防切口漏血（图2-5-27）。

术中注意勿损伤迷走及喉返神经支。对于肺动脉其他部位的狭窄也可在体外循环下，解剖出狭窄的肺动脉段。切口做在分支上或从主干切口弯向分支，用补片加宽狭窄的部位（图2-5-28）。

室间隔修补：详见"室间隔缺损修补术"。

术中要点

右室流出道疏通要彻底，但对于婴幼儿，因为心肌肥厚和纤维化不如儿童及成人，顺应性尚好，如果切除过多，术后容易出现低心排血量综合征。所用补片宽度要适当，

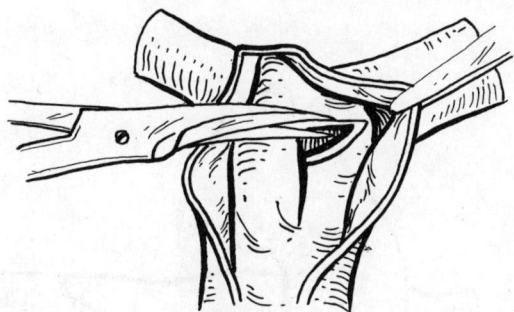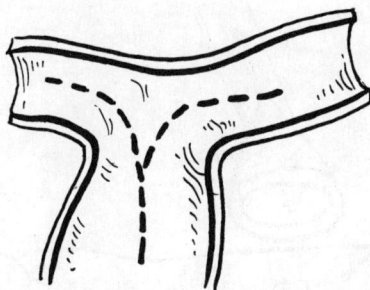

图 2—5—22

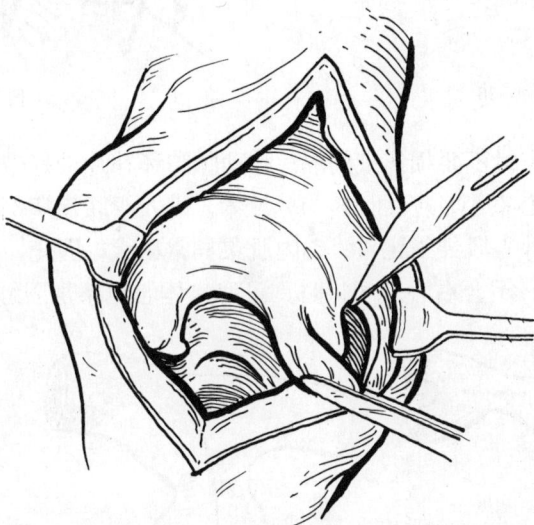

图 2—5—23

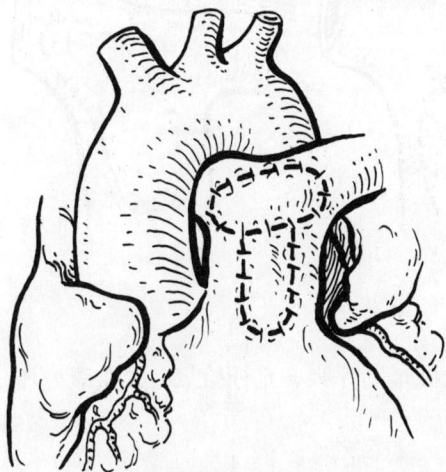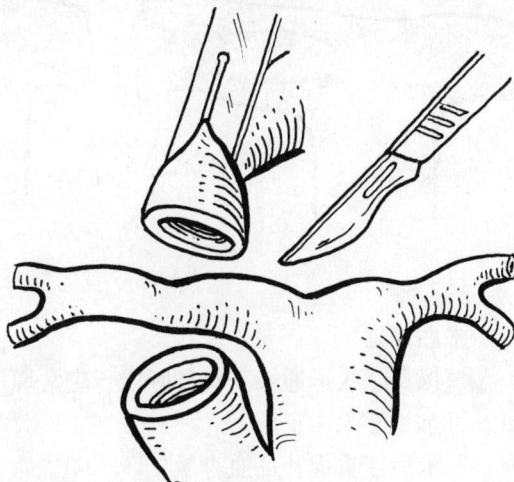

图 2—5—24   图 2—5—25

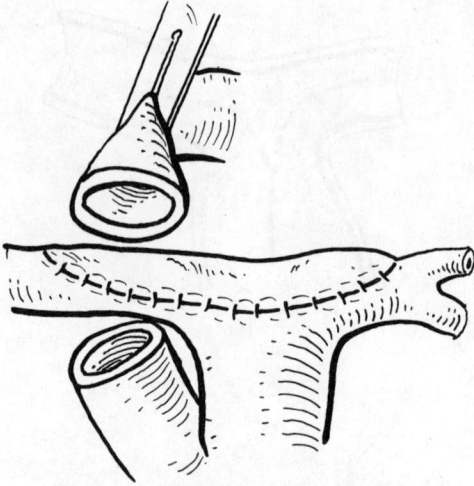

图 2-5-26

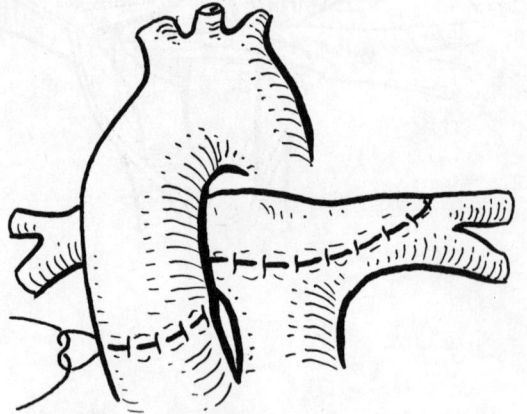

图 2-5-27

不宜太宽，修剪隔束时不要损伤室间隔。肺动脉跨环补片最好带单叶瓣。如术中发现肺动脉狭窄严重或左心室小，应及时转为分流术。成人四联症病例侧支循环丰富，需仔细分离予以结扎。另外心肌纤维化重，心内肌束异常粗大，因此，术中应准备左心引流及自体血回收的装置。闭合右心室切口时，可取自体心包条加固缝合。

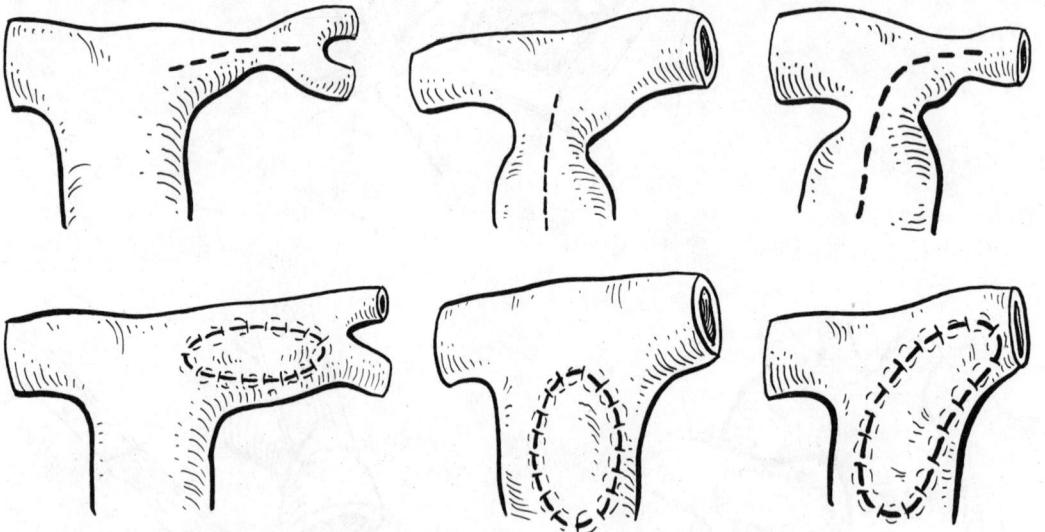

图 2-5-28

术后处理

1.保持呼吸道通畅和辅助呼吸，应常规用呼吸机辅助呼吸，充分给氧，如血氧分压低，可加用呼吸末正压。

2.术后应重视补足血容量。

3.防治低心排血量综合征，强心、利尿。

第六节　主动脉－肺动脉间隔缺损矫治术

分型

按缺损距半月瓣的远近分为靠近半月瓣的近侧型（图2-6-1）、靠近肺动脉分叉的远侧型（图2-6-2）以及位于升主动脉中段的混合型（图2-6-3）。

适应证

由于该畸形所致分流量较大，早期即可发生肺动脉高压，一经确诊即应手术治疗。

禁忌证

艾森门格综合征。

麻醉

气管插管全身麻醉。

体位及切口

仰卧位，肩胛间垫高。胸骨正中切口。

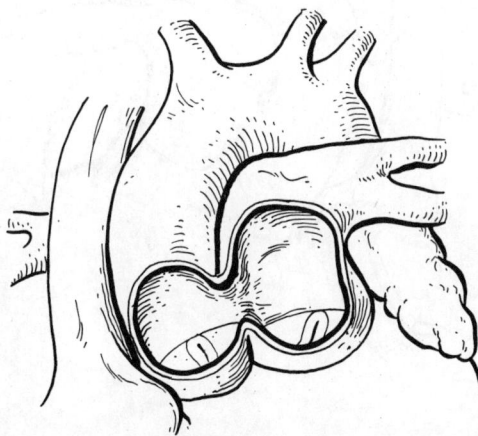

图2-6-1

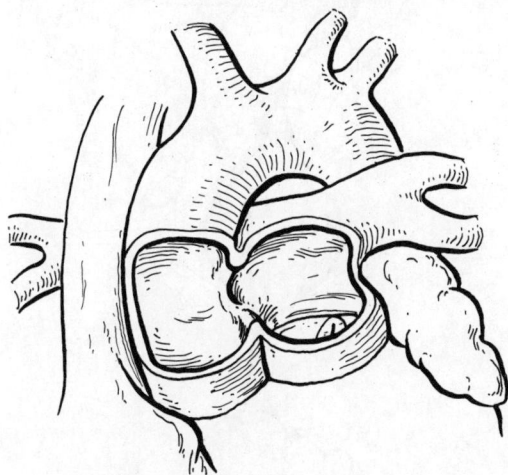

图2-6-2

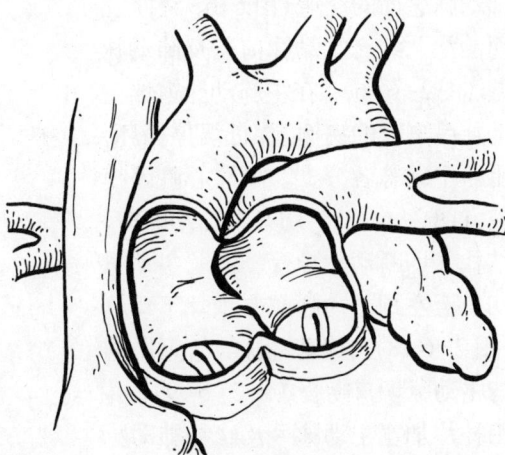

图2-6-3

体外循环

常规体外循环操作。

手术步骤

动脉插管要靠近无名动脉起始部。体外循环开始后，立即阻断肺动脉，防止发生灌注肺。病情严重者，需在深低温停循环下手术（图2-6-4）。可经过主动脉或缺损前壁切口进行修补。在主肺动脉窗的前壁沿长轴切开，确认冠状动脉开口位置。用补片封闭主-

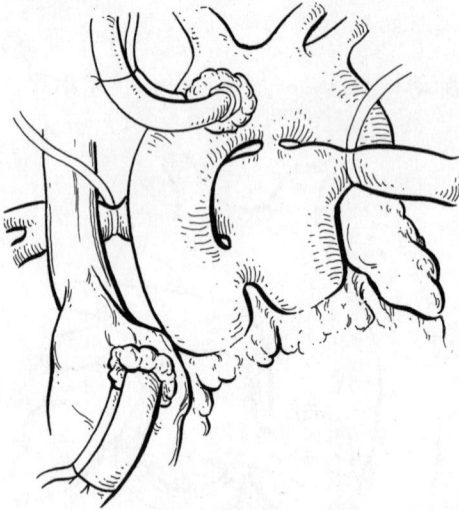

图2-6-4

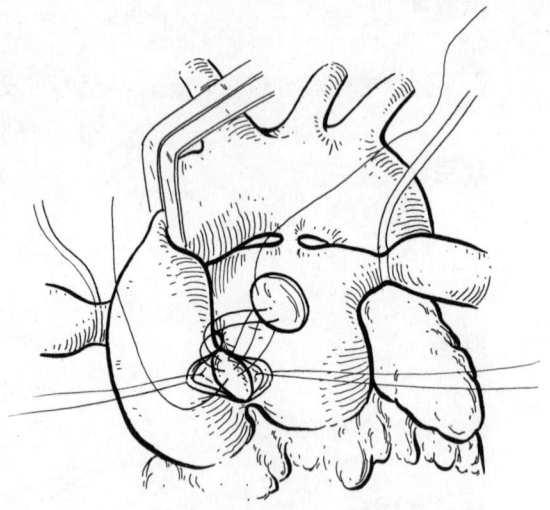

图2-6-5

肺动脉之间的交通（图2-6-5），"三明治法"缝合主动脉前壁及肺动脉壁（图2-6-6）。在主肺动脉窗伴主动脉弓离断的病例：深低温停循环，阻断主动脉各分支，灌注心脏停搏液（图2-6-7）。切开主肺动脉窗，结扎并切断动脉导管，延长主动脉切口至左颈总动脉或左锁骨下动脉（图2-6-8）。修剪动脉导管近心端与主动脉切口吻合（图2-6-9），并用补片加宽主动脉弓及修补肺动脉切口（图2-6-10）。

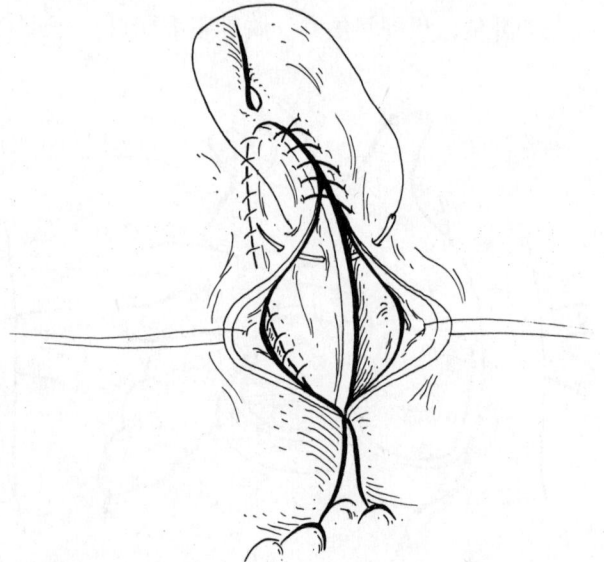

图2-6-6

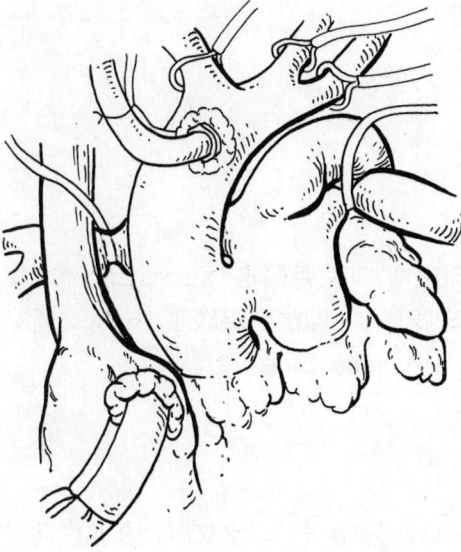

图 2-6-7

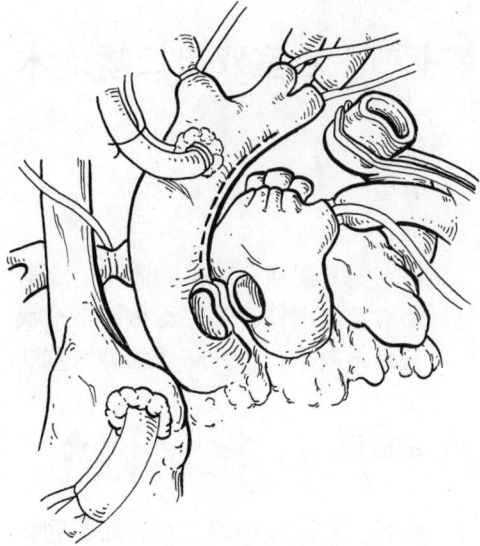

图 2-6-8

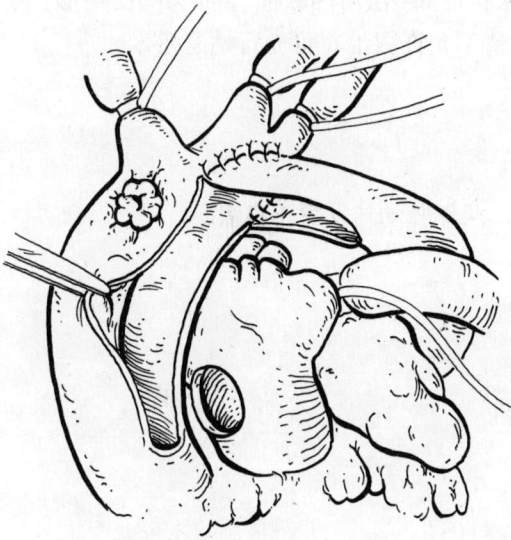

图 2-6-9

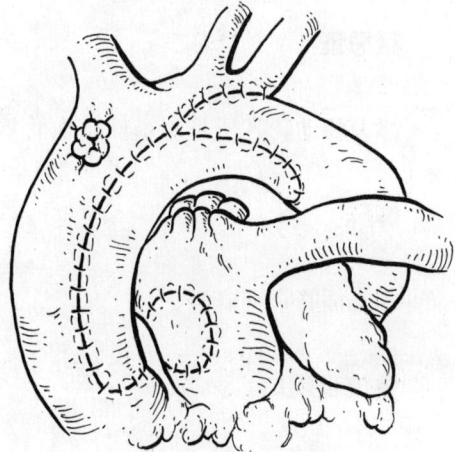

图 2-6-10

术中要点

主动脉插管要尽可能高位。由于常合并肺动脉高压和肺动脉扩张,肺动脉壁薄且脆,游离主-肺动脉间隔和肺动脉时应十分小心,尽可能在主动脉和心房插管完成后进行,并靠近升主动脉外膜进行。体外循环开始后阻断左、右肺动脉,防止灌注肺发生。切开后,要确认冠状动脉开口与缺损间的关系。

术后处理

应充分镇静,辅助扩张血管剂治疗,合并严重肺动脉高压时可采用氧化亚氮治疗。

第七节　右室双出口矫治术

分型

1. 右室双出口合并主动脉瓣下室缺，肺动脉无狭窄，即艾森门格（Eisenmenger）型；
2. 右室双出口合并主动脉瓣下室缺，合并肺动脉狭窄，即法洛四联症（Fallot）型；
3. 右室双出口合并肺动脉瓣下室缺，即陶氏（Taussig-Bing）型。

适应证

根据室间隔缺损的位置有无肺动脉狭窄及合并畸形来决定。心室双出口合并主动脉瓣下或靠近两大动脉的室间隔缺损而不伴肺动脉狭窄者，应尽早行心内隧道手术。右室双出口合并肺动脉瓣及右室流出道狭窄，手术指征同"法洛四联症"。如为陶氏畸形，可行 Rastelli 手术（详见本章第十三节），如病情不允许根治，可先行姑息手术。

禁忌证

严重肺动脉高压及阻塞性肺血管病变者，两侧肺动脉发育不良者。

麻醉

气管插管全身麻醉。

体位及切口

仰卧位，肩胛间垫高。胸骨正中切口。

体外循环

按常规体外循环准备。婴儿常规做深低温体外循环、停循环准备。

手术步骤

1. 隔膜切除：三尖瓣到主动脉瓣的距离等于或大于三尖瓣到肺动脉瓣的距离时，漏斗形隔膜会嵌入室间隔缺损和主动脉口之间，将影响左心室到主动脉的心内隧道，因此需切除该隔膜（图2-7-1）。在其他病例中，该隔膜最终可作为隧道的前壁，可不必切除（图2-7-2）。某些病例中室间隔缺损的前缘嵌入到心内隧道的前面，为避免术后出现主动脉瓣下狭窄，有人选择切除或切开室间隔缺损的前缘，这种切除方法非常危险，因为其间常包含重要的冠状动脉（图2-7-3）。

2. 隔膜切除方法：从室间隔缺损的上缘到主动脉瓣环分别做切口1、切口2及平行主动脉瓣环的切口3，切除漏斗部间隔，做切口3时要避免损伤肺动脉瓣（图2-7-4）。

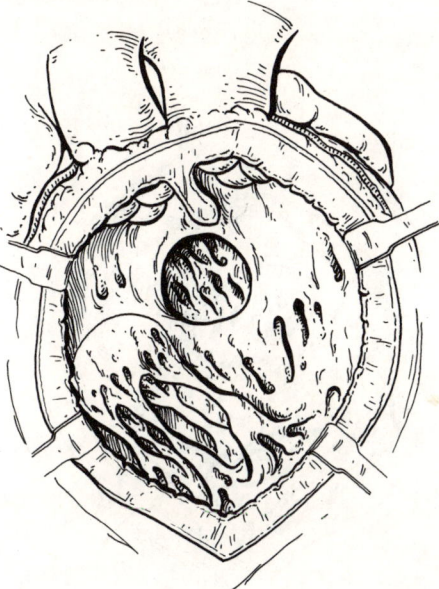

图2-7-1

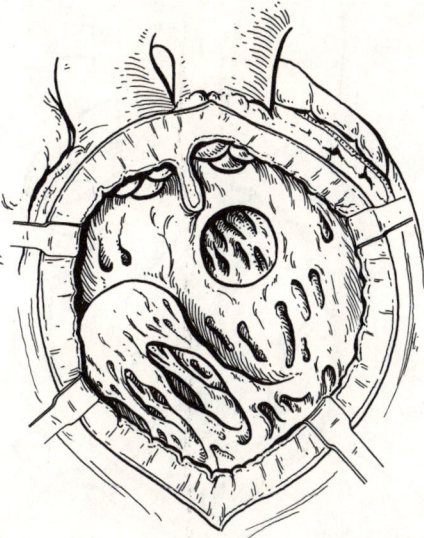

图2-7-2

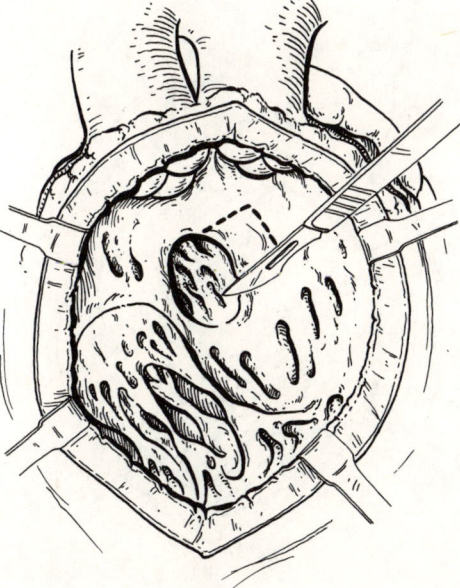

图2-7-3

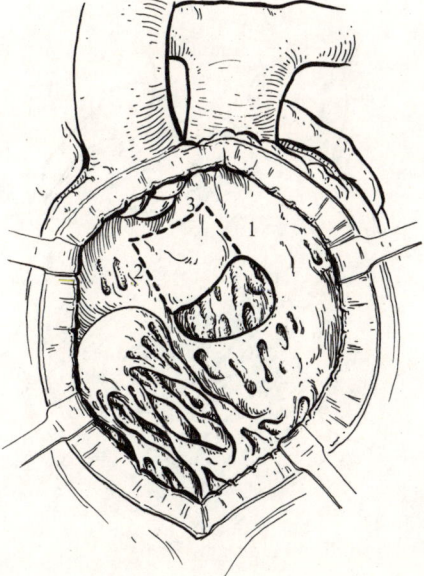

图2-7-4

当有异常三尖瓣腱索附着在漏斗部间隔上时，这个间隔可不切除，仅做切口1及切口3，然后将漏斗间隔牵向外侧。在心内隧道建立之后，可将漏斗间隔重新固定到人工补片上（图2-7-5）。

3. 测量室间隔缺损下缘到主动脉瓣环之间的距离，以此修剪人工补片（图2-7-6）。缝合到主动脉瓣环的右侧并且绕过主动脉瓣环到达心内隧道的上端。然后再剪掉补片的前缘，使内隧道前缘形状流畅（图2-7-7）。心内隧道建立后，如有右室流出道梗阻时，可以用漏斗形补片或跨环补片扩大流出道（图2-7-8）。当三尖瓣到肺动脉瓣的距离太短

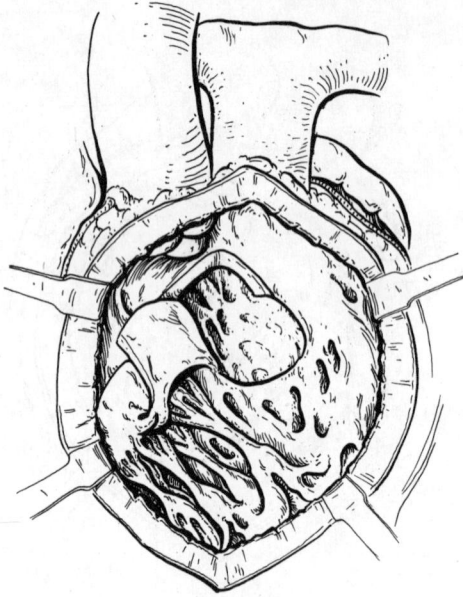

图 2-7-5

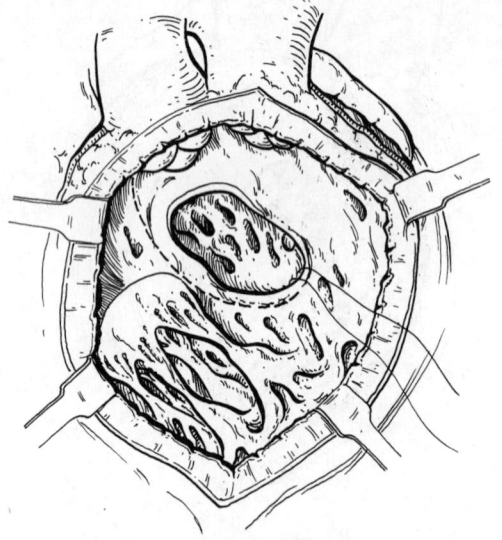

图 2-7-6

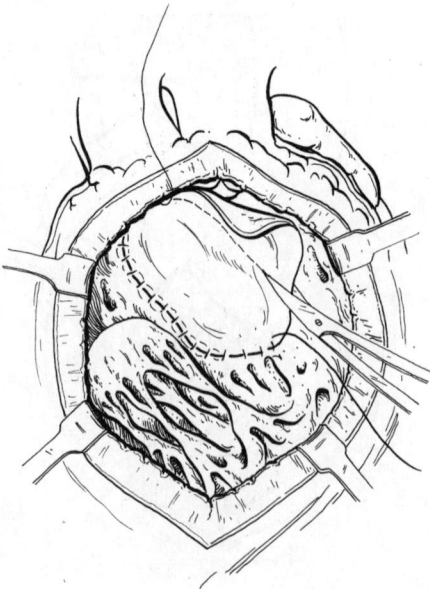

图 2-7-7

图 2-7-8

时，心内隧道的前界可达肺动脉口，需将肺动脉移位到右心室的合适位置（图2-7-9）。

术中要点

心内隧道补片要用人工血管剪裁成拱形，缝合室间隔缺损前缘时，可以从右心室前方出针。对于远离两大动脉的室间隔缺损，如果用大的补片可能造成肺动脉及三尖瓣血流受阻，应使用带瓣外管道。建立心内隧道，为避免发生术后主动脉瓣下狭窄，有人常使用较大补片。在大多数病例中，靠近三尖瓣通道的下部和靠近主动脉的上部存在角度。如果补片过大，角度的顶端可突向左侧造成主动脉瓣下狭窄，广泛切除漏斗部间隔和完全缝合是避免出现主动脉瓣下狭窄的最好方式，而不是靠使用大补片的方法。

术后处理

监测肺动脉压，如出现低心排血量综合征或术前合并肺动脉高压者，应该延长机械通气时间。

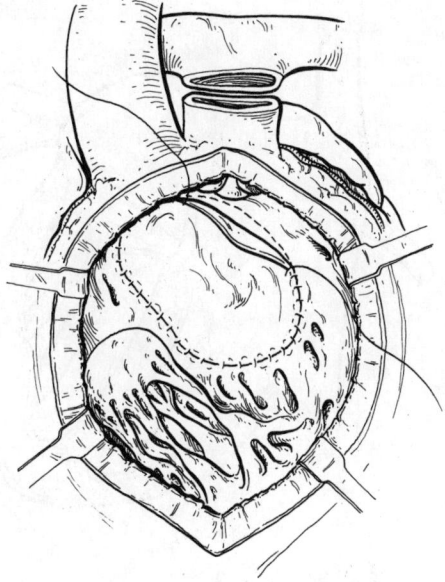

图 2-7-9

第八节　完全性肺静脉异位连接矫治术

分型

1. 心上型：肺静脉共干经垂直静脉连接左无名静脉，或左、右上腔静脉引流入右心房（图2-8-1）。

2. 心内型：肺静脉共干直接连到右心房壁或经冠状静脉窦引流入右心房（图2-8-2）。

3. 心下型：肺静脉共干引流入下腔静脉或门静脉最终血流入右心房（图2-8-3）。

4. 混合型或变异型：两侧肺静脉或各叶肺静脉分别与不同的体静脉连接，最终汇入右心房。

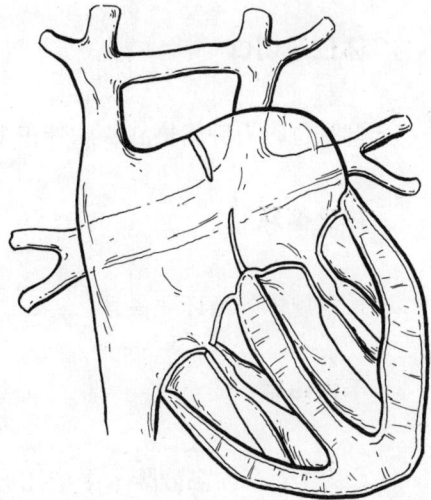

图 2-8-1

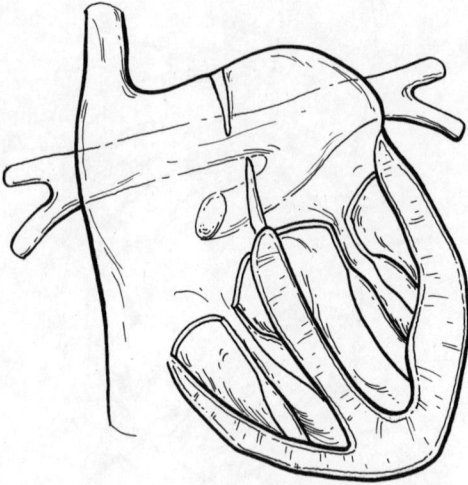

图 2-8-2

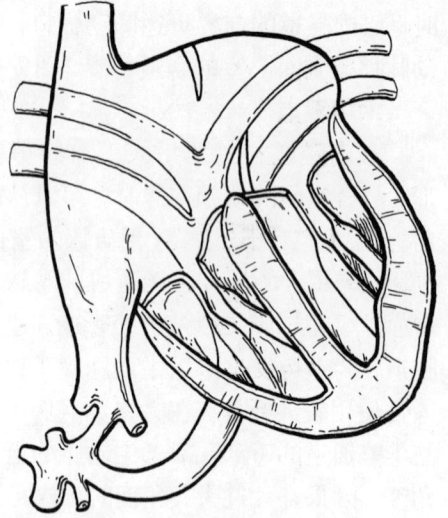

图 2-8-3

适应证

一旦确诊宜早期手术,防止出现肺动脉高压。

禁忌证

艾森门格综合征。

麻醉

气管插管全身麻醉。

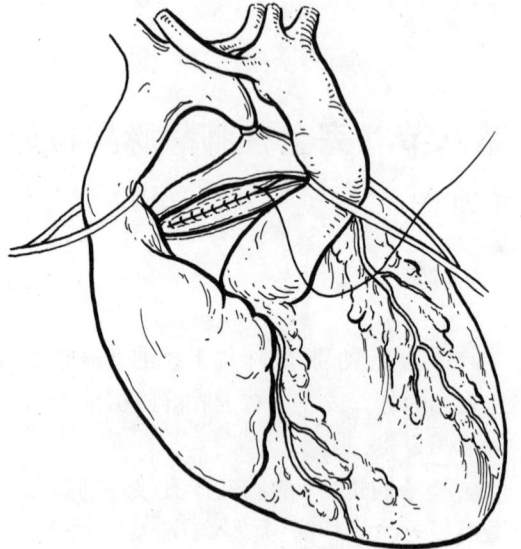

体位及切口

仰卧位,肩胛间垫高。胸骨正中切口。

体外循环

按常规体外循环准备。

图 2-8-4

手术步骤

心上型:在无名静脉水平结扎垂直静脉。从左心耳根部切开左心房顶部。将肺静脉与左心房吻合(图2-8-4),防止吻合口狭窄。切开右心房修补房间隔缺损。必要时用自

48

体心包补片来扩大左心房（图2-8-5）。另一方法横行切开右心房，跨越房间隔，延续切至左心房后部，达左心耳根部，平行切开肺静脉，然后将左心房后壁与肺静脉吻合。吻合完成以后，补片修补房间隔缺损（图2-8-6）。

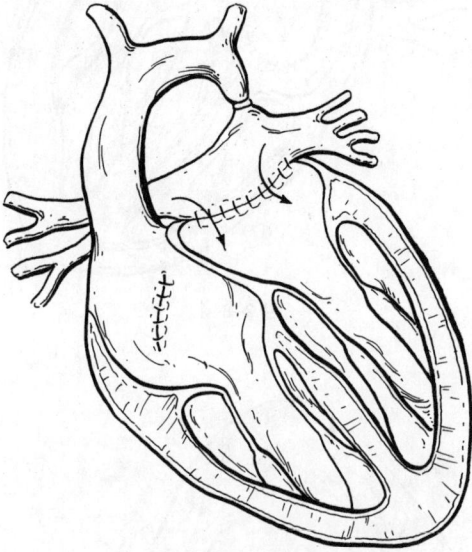

图2-8-5

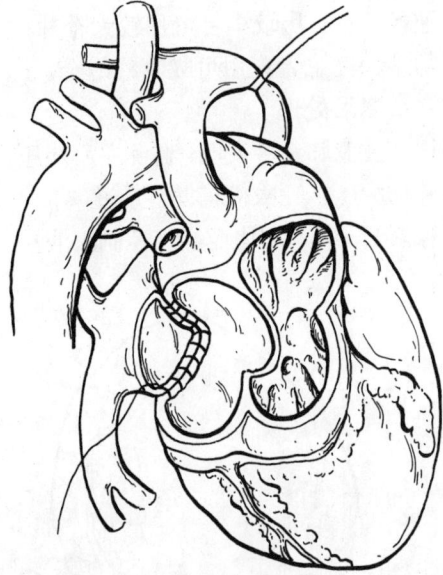

图2-8-6

心内型：行右心房切口，确认房间隔缺损和冠状静脉窦口（图2-8-7）。扩大冠状静脉窦使其与左心房相沟通（图2-8-8）。用心包补片修补房间隔缺损，以利肺静脉血回流到左心房（图2-8-9）。在缝合冠状静脉窦口时要注意防止发生传导阻滞。

心下型：向上翻转心脏。在膈肌上结扎垂直静脉。平行切开肺静脉和左心房后壁，注意切口的位置，大小要相同（图2-8-10）。吻合肺静脉与左心房，注意防止吻合口狭

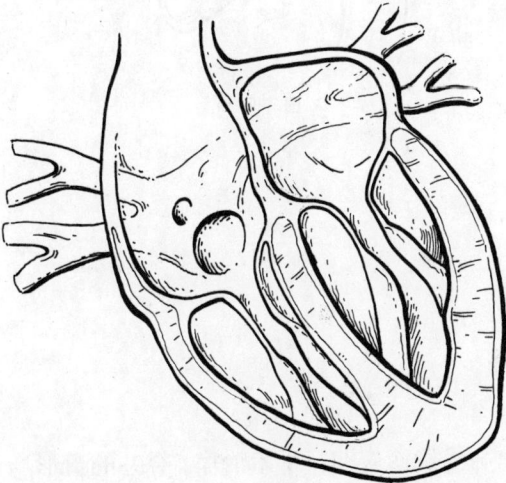

图2-8-7

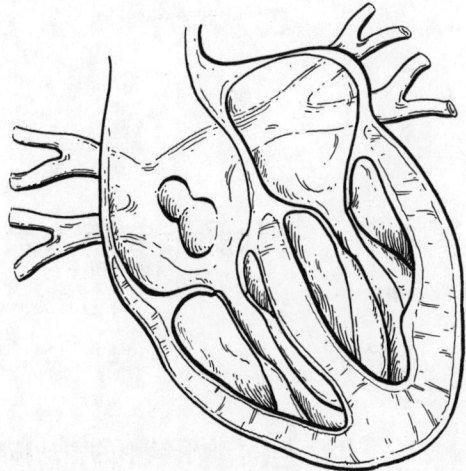

图2-8-8

窄，也不要有张力（图2-8-11）。

术中要点

术中要保证良好显露左心房及肺总动脉。吻合口一定要足够大，保证肺静脉回流通畅。左心房较小者可用较大补片扩大左心房。小儿患者应用可吸收线缝合。

术后处理

注意肺水肿表现，监测左心房压，降低肺动脉压，呼吸机辅助过度通气，应用前列腺素E，吸入氧化亚氮，控制入液量。

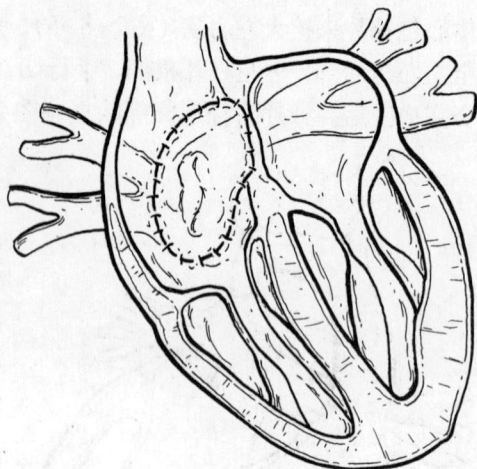

图2-8-9

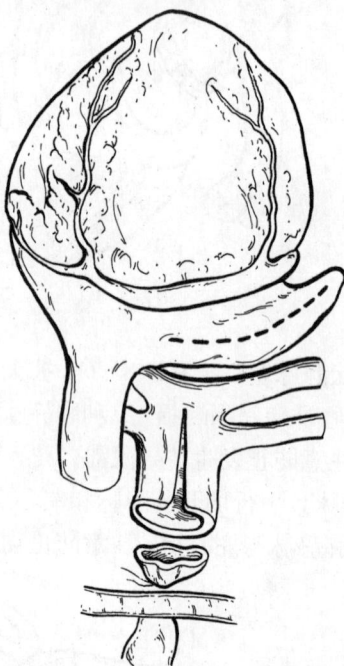

图2-8-10

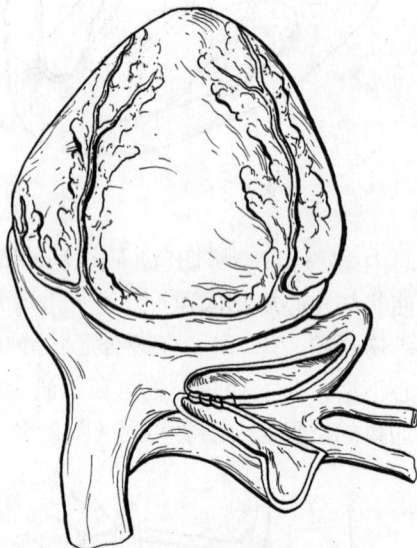

图2-8-11

第九节 主动脉缩窄矫治术

适应证

凡不合并其他心血管畸形的主动脉缩窄，一经确诊应即行手术治疗。合并的畸形均需同期做手术治疗。

麻醉

气管插管全身麻醉。

体位及切口

右侧90°卧位。后外侧切口第4肋间入胸。

体外循环

部分病例可在非体外循环常温阻断进行，也可在部分体外循环左心转流下完成。

手术步骤

1.人工补片血管成形术

凡缩窄近心端的血管发育较好且缩窄的血管壁纤维化不重的病例均可做血管成形术。解剖出缩窄段血管，合并动脉导管未闭者首先处理（图2-9-1）。阻断主动脉弓的近端，包括锁骨下动脉的开口，再阻断缩窄远端的胸降主动脉及其邻近的肋间动脉。切开狭窄段降主动脉，剪掉缩窄腔内纤维增生的横膈组织（图2-9-2），用椭圆形涤纶片或自体心

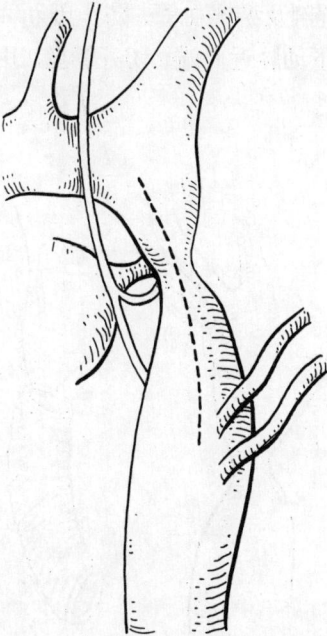

图2-9-1

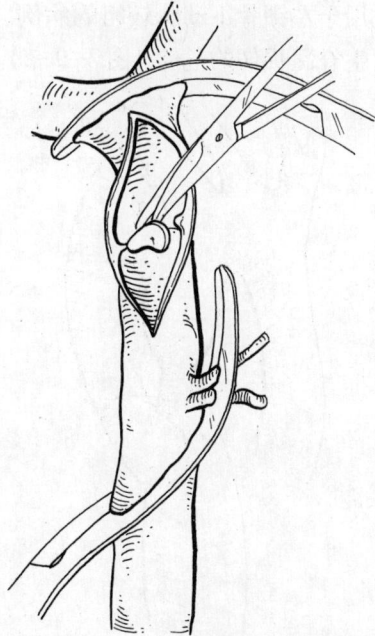

图2-9-2

51

包片修补动脉切口。用无创的两头针线，将补片的最宽部分对应于管腔最窄的部位，用连续缝法，先将一侧的血管切口缘与补片相缝合（图2-9-3）。最后两头针线在切口中部相汇合并打结（图2-9-4）。

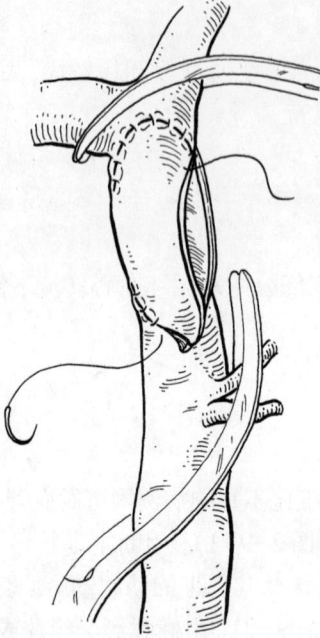

图2-9-3

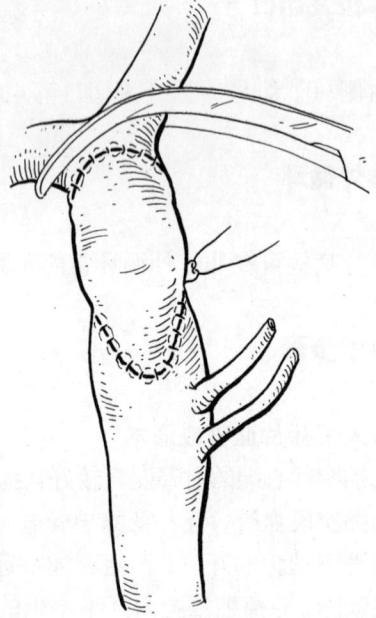

图2-9-4

2.左锁骨下动脉与胸降主动脉人造血管吻合术

适用于左锁骨下动脉较粗的病例。本方法不用解剖及游离血管，防止因肋间血管损伤而发生脊髓损伤的危险（图2-9-5）。阻断左锁骨下动脉近心端，切开管壁，用无创针

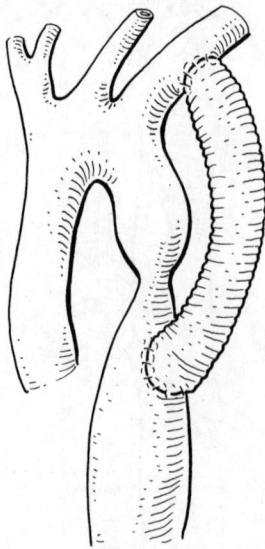

图2-9-5

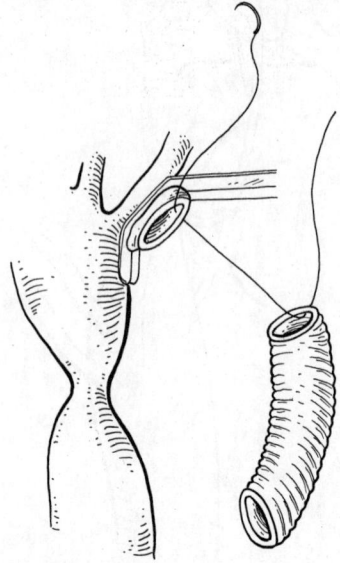

图2-9-6

线连续缝法与人造血管作端侧吻合（图2-9-6）。然后人造血管与缩窄远端的胸降主动脉作端侧吻合（图2-9-7）。

3.主动脉端端吻合术

切断导管（或韧带）后充分地切除缩窄的血管，以免残留腔内狭窄（图2-9-8）。吻合时把阻断钳互相靠拢，如果有张力予以充分游离（图2-9-9），用无创双针头针缝线作端端连续吻合（图2-9-10）。如头侧主动脉口比"足侧"的小，则将头侧主动脉靠近锁骨下动脉的残端切开，扩大其口径（图2-9-11），以适应对端吻合口（图2-9-12）。

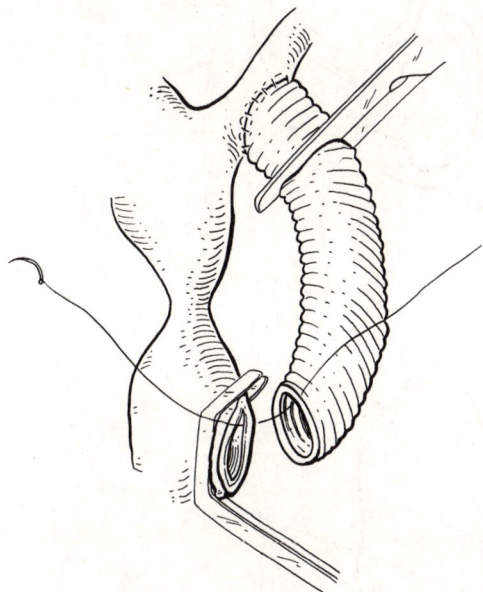

图 2-9-7

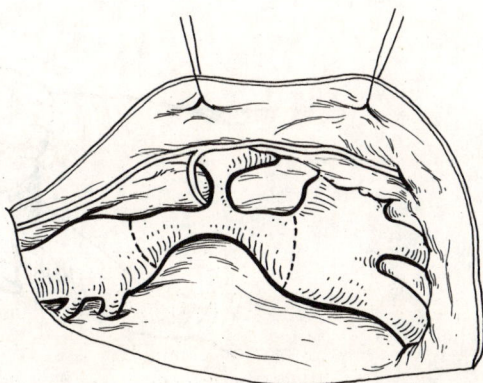

图 2-9-8

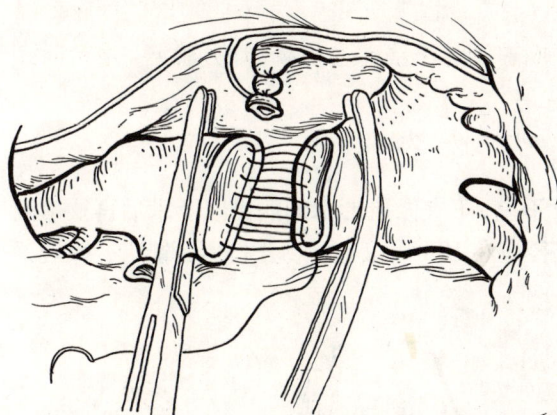

图 2-9-9

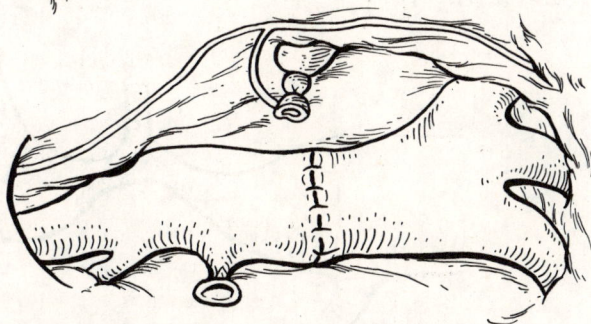

图 2-9-10

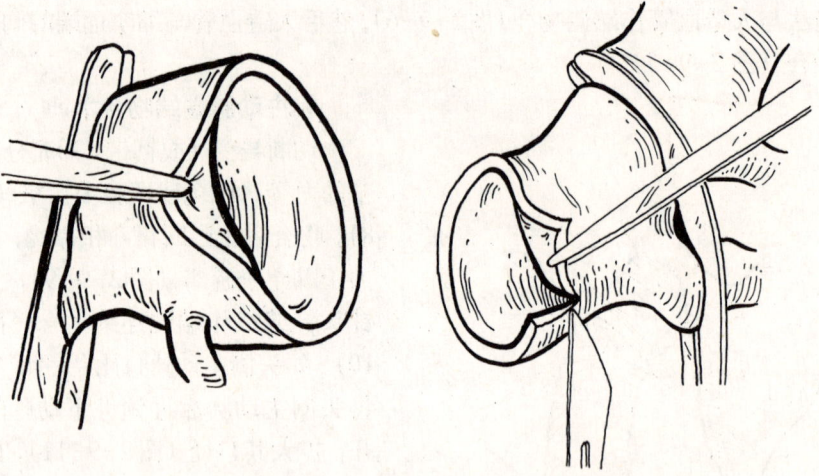

图 2-9-11

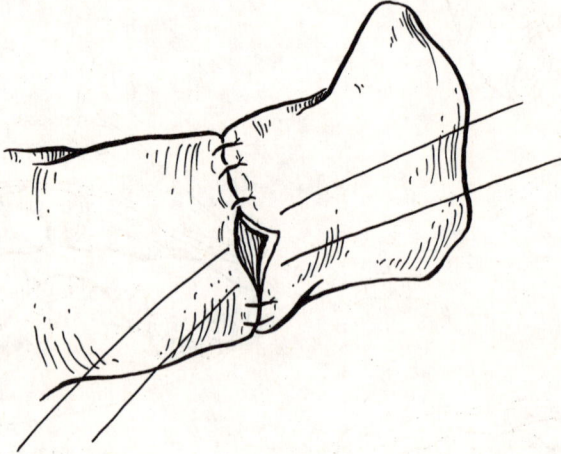

图 2-9-12

4.狭窄切除及人工血管移植术

　　适用于缩窄段较长或主动脉横弓发育不全,不宜做成形术的病例以及术后再狭窄而需再次手术者（图2-9-13）。人工血管直径应在18mm以上,吻合口尽可能大,一般采用连续缝合法（图2-9-14）。

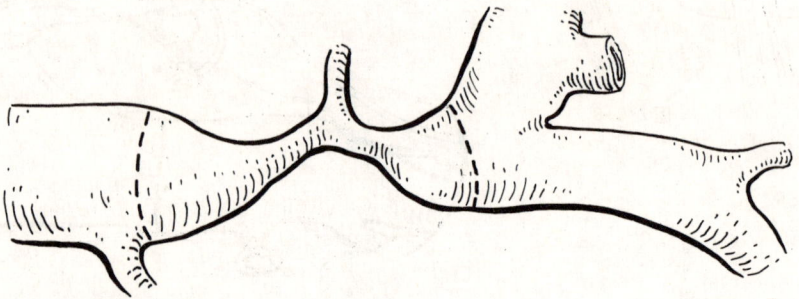

图 2-9-13

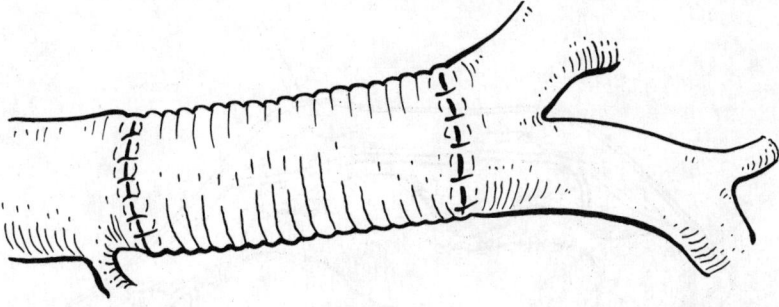

图 2-9-14

5.锁骨下动脉片主动脉成形术

 沿左锁骨下动脉和颈总动脉之间阻断近心端,在主动脉缩窄远端阻断降主动脉。纵行切开降主动脉,上至左锁骨下动脉(图 2-9-15)。切断并结扎左锁骨下动脉远端,下至主动脉缩窄远端,切除主动脉缩窄处的内膜(图 2-9-16),拉下锁骨下动脉片,与切开的降主动脉行成形吻合(图 2-9-17)。

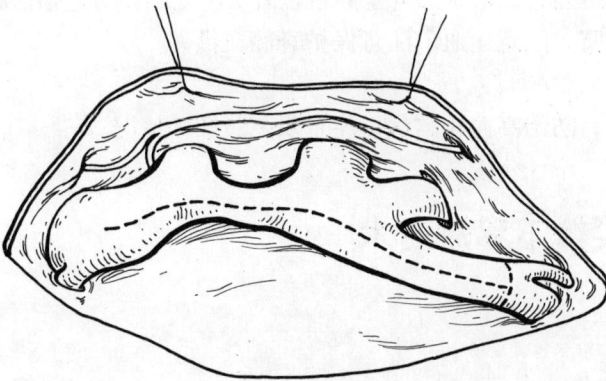

图 2-9-15

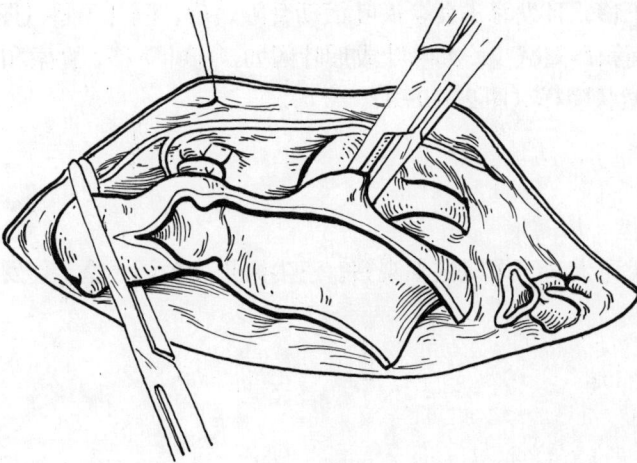

图 2-9-16

55

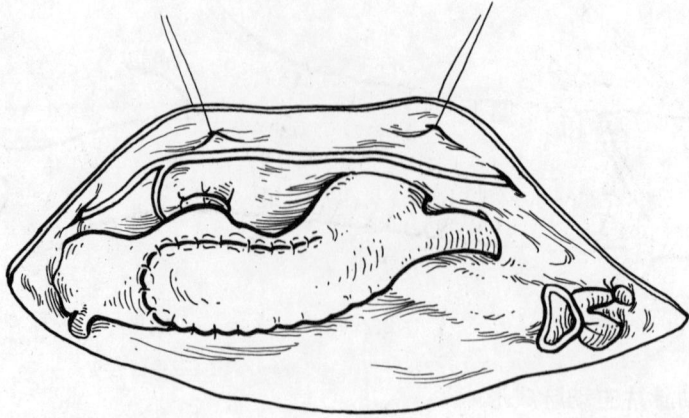

图 2-9-17

术中要点

术中充分游离，必须切断导管韧带或未闭的动脉导管，以利吻合。手术操作结束后，测量病变两端压力阶差，如果压力阶差异常，需重新处理。防止损伤胸导管。由于该畸形造成侧支循环丰富，注意止血。注意保护脊髓血供。

术后处理

注意监测血压，防治高血压脑病。注意双下肢活动情况。

第十节　三尖瓣下移矫治术

分型

A 型：前叶位置正常，仅后叶及隔叶下移，功能右心室容量足够（图 2-10-1）。
B 型：前叶下移，且发育不良，瓣叶活动受限，后、隔叶下移（图 2-10-2）。
C 型：瓣叶面积严重减少，如隔叶或后叶阙如，前叶下移，腱索和乳头肌严重发育不全，前叶为条索状膜样（图 2-10-3）。

适应证

症状轻、心脏不大者可予以定期观察。三尖瓣重度关闭不全，伴发绀、心脏明显扩大者应手术治疗。

禁忌证

左心室发育不全、重要脏器功能差者。

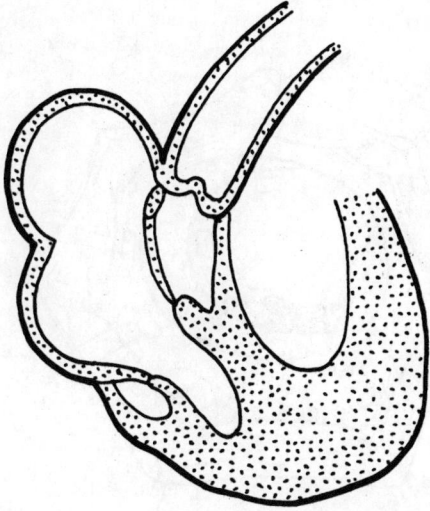

图 2-10-1

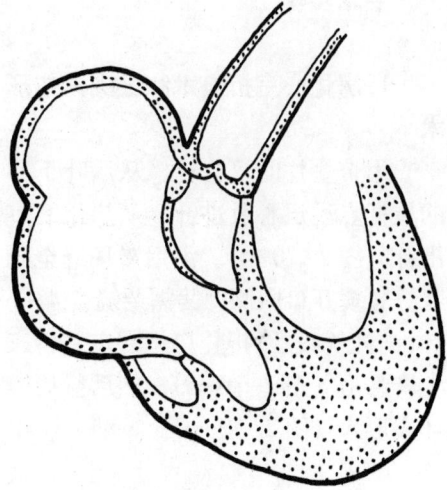

图 2-10-2

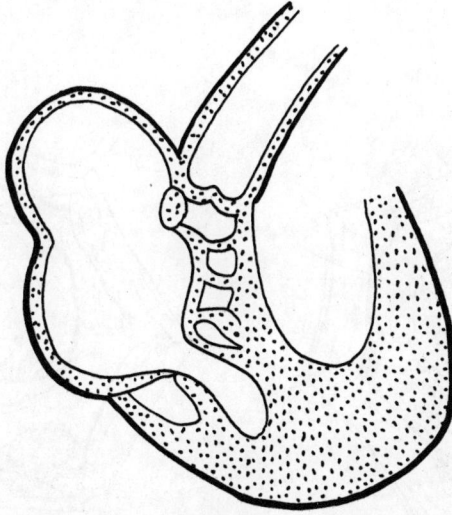

图 2-10-3

麻醉

气管插管全身麻醉。

体位及切口

仰卧位，肩胛间垫高。胸骨正中切口。

体外循环

按常规体外循环准备。

手术步骤

1.房化心室折叠术和三尖瓣成形术

用带垫片的双头针，从后叶下移的最低点浅层心肌进针，从房化右室出针（图2-10-4）。沿后瓣环缝至冠状静脉窦开口内侧，共需要缝合4~6针，结扎缝线后，折叠房化右室并将三尖瓣悬吊（图2-10-5）。然后行后瓣环成形术（图2-10-6）。

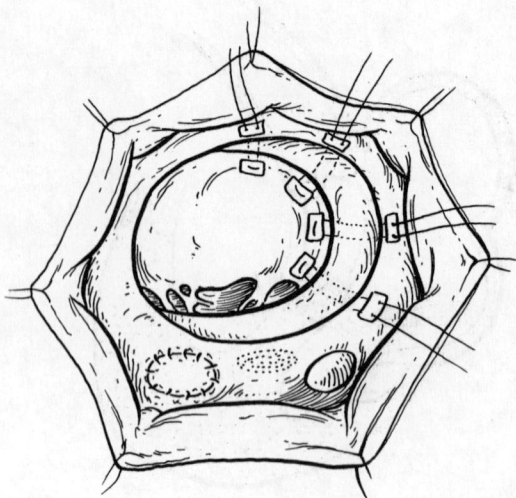

图2-10-4

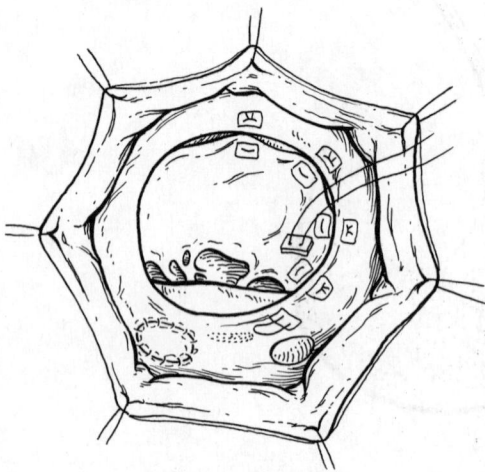

图2-10-5

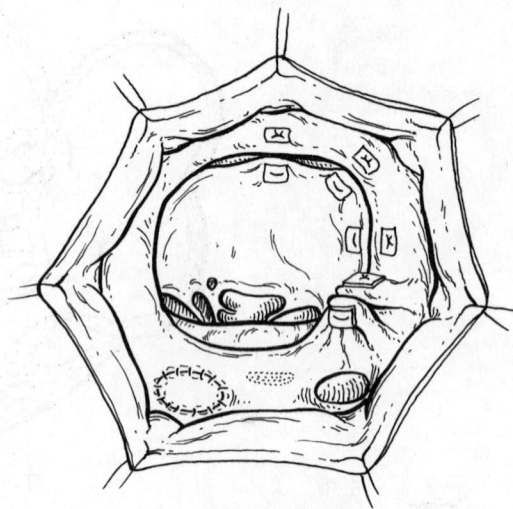

图2-10-6

2.房化心室纵行折叠术和三尖瓣的修复术

对于右心室较小者可采用此方法。切开下移后瓣的根部直至邻近的前瓣，保留靠近前交界的1/3前瓣（图2-10-7）。在垂直于三尖瓣解剖瓣环的方向上作间断褥式缝合（图2-10-8）。结扎缝线后，在纵行方向折叠房化心室和右心房（图2-10-9）。然后用连续缝合法将切开的前叶和后叶缝回到瓣环上（图2-10-10）。注水试验观察三尖瓣的启闭情况，最后用处理过的自体心包条或人工环做瓣环成形术（图2-10-11）。也可以不用人工环，而在将瓣叶缝回之前做瓣环的成形术（图2-10-12）。

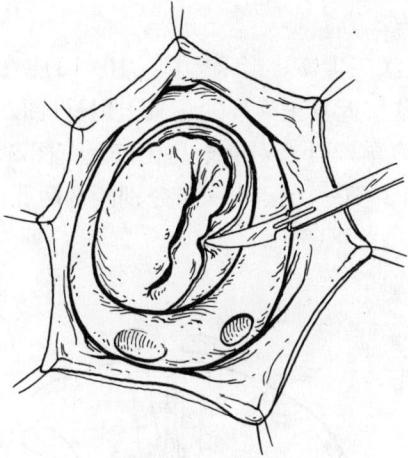
图 2-10-7

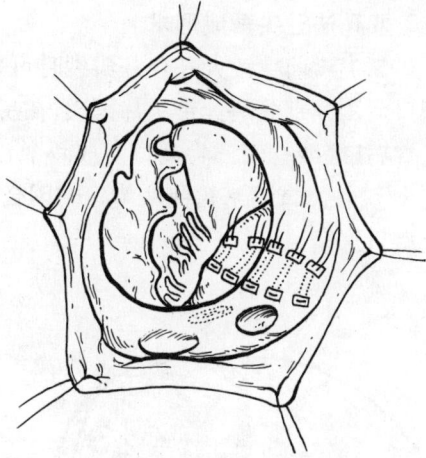
图 2-10-8

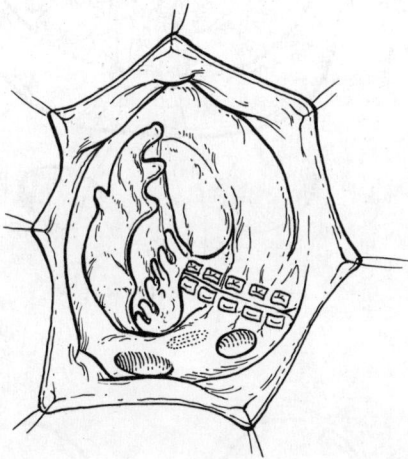
图 2-10-9

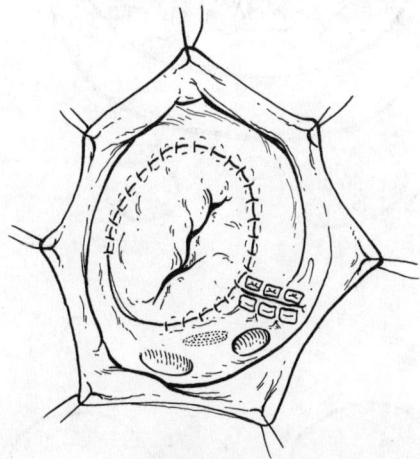
图 2-10-10

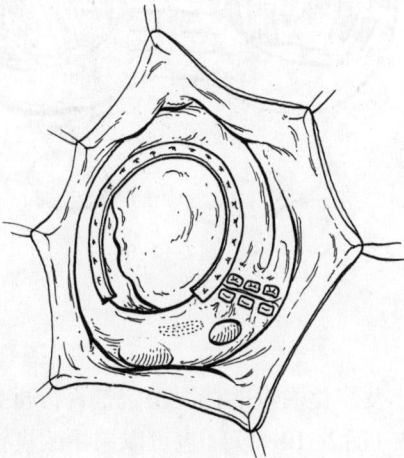
图 2-10-11

图 2-10-12

3.双孔法三尖瓣成形术

当二尖瓣前叶较大并合并瓣裂时可采用双孔法三尖瓣成形术（图2-10-13）。在前瓣叶裂口两侧分别缝两针带垫片褥式，在房化右室壁接近真正瓣环的位置上出针（图2-10-14）。结扎缝线，使三尖瓣口变成两个开口，注意前瓣叶可对合至房化室壁（图2-10-15）。通过注水试验来检测两瓣口的闭合情况（图2-10-16）。用探条分别测量两孔面积，防止瓣口狭窄。

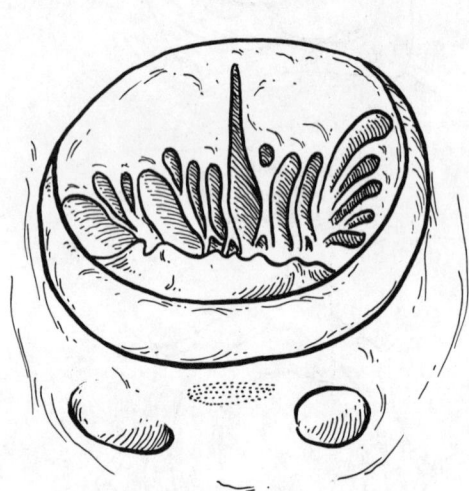

图 2-10-13

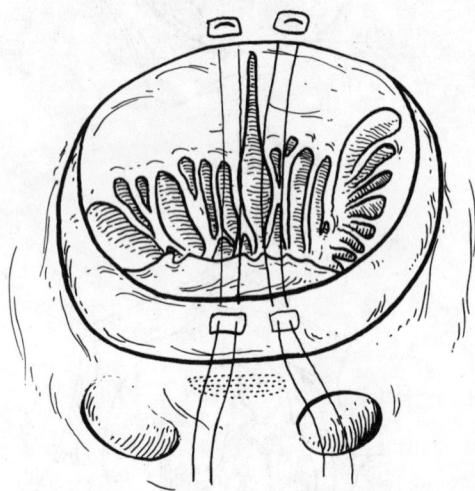

图 2-10-14

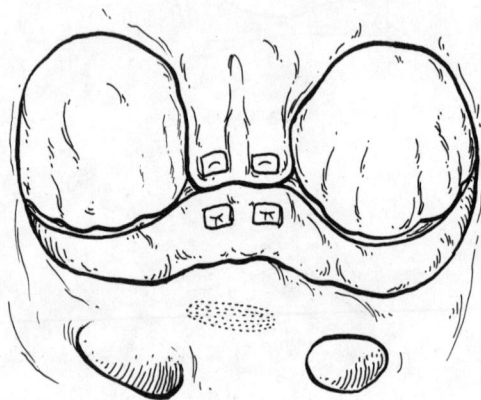

图 2-10-15

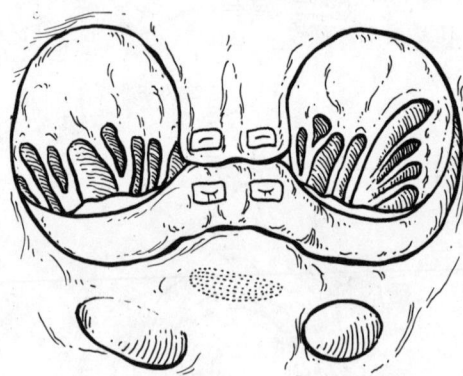

图 2-10-16

4.三尖瓣置换术

一般不必切除三尖瓣瓣膜，根据右心室的大小及房化右室的情况决定是否行折叠术。在Koch危险区要浅缝至室间隔，防止损伤房室束（图2-10-17）。也可以采用改良技术，将冠状静脉窦口及房室结危险区隔入右心室侧（图2-10-18）。

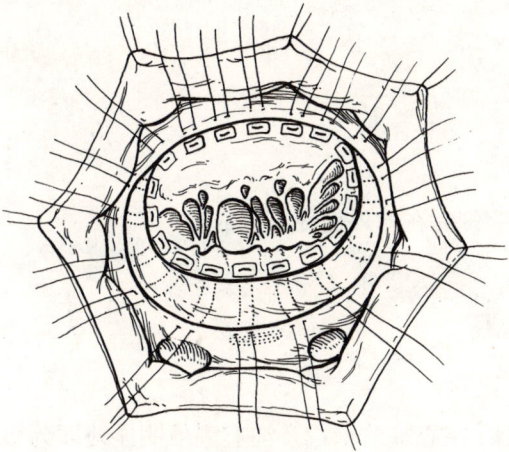

图 2-10-17

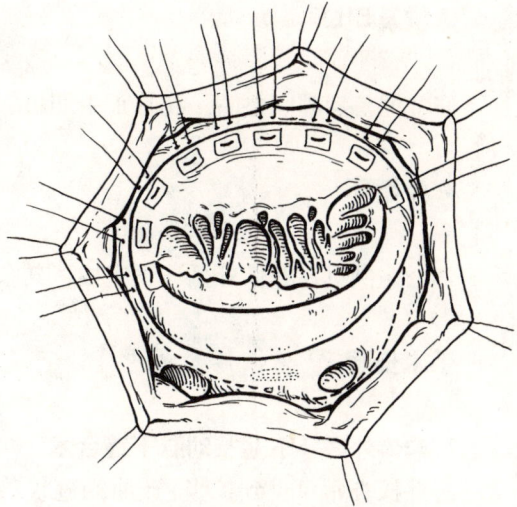

图 2-10-18

术中要点

由于房化右室壁菲薄，做房化右室折叠术及三尖瓣成形术时，应该避免进针过深，防止损伤冠状动脉。手术的目的在于解决三尖瓣关闭不全，关键是前瓣的条件。如果术中三尖瓣关闭不全矫治不满意时，要及时转为三尖瓣置换术。

术后处理

术后要减轻右心室负荷，中心静脉压要尽可能维持在较低水平。机械辅助通气时少用或不用呼吸末正压。控制入液量，严密观察心律失常。

第十一节　先天性冠状动脉瘘矫治术

适应证

有明显症状，如心绞痛，心力衰竭者均应手术。无症状者是否手术，尚无定论。有人认为虽无症状，冠状动脉瘤样扩张明显者，杂音明显造成社会问题（如就业体检等）者也应手术治疗。

麻醉

气管插管全身麻醉。

体位及切口

仰卧位，肩胛间垫高。胸骨正中切口。

体外循环

部分病例可在非体外循环下完成，其余病例需在体外循环下完成。

手术步骤

1.非体外循环下冠状动脉下缝合术

心外探查常可见到扩张、迂曲的冠状动脉。在心脏前壁扪及细震颤最明显处即为瘘口的位置（图2-11-1）。在瘘口部位的冠状动脉下，沿切线缝合数个经心肌贯穿瘘口带垫片的褥式缝线，以免结扎时割裂心肌。缝线结扎后，前壁的细震颤立即消失（图2-11-2）。

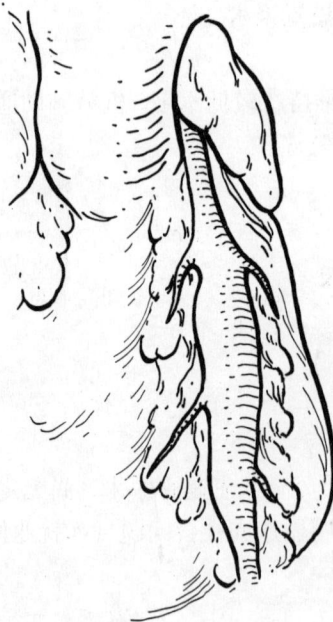

图2-11-1

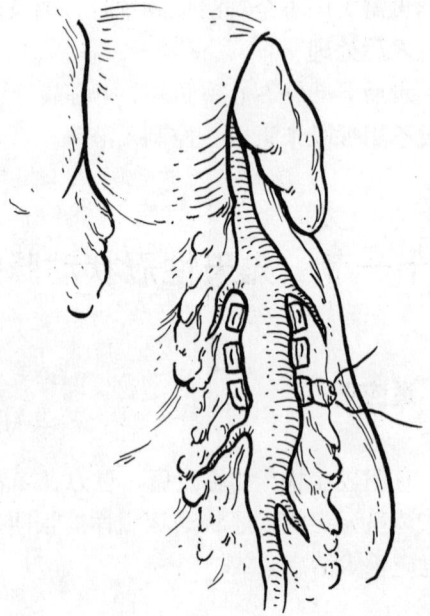

图2-11-2

2.体外循环下冠状动脉瘘直视修补术

如果瘘口处冠状动脉明显扩张、迂曲，可经扩张的冠状动脉路径修补瘘口。在细震颤明显部位切开冠状动脉，即可显露出在血管后壁的接口，可作间断或连续缝合闭合瘘口（图2-11-3）。然后用6-0 Prolene线缝合血管壁切口（图2-11-4）。

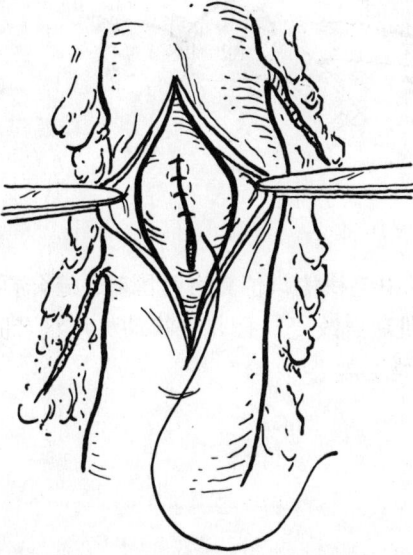

图2-11-3

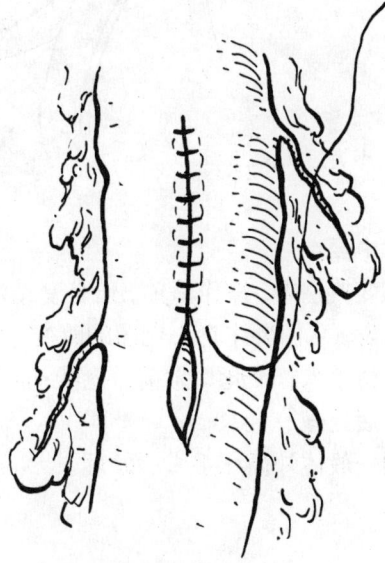

图2-11-4

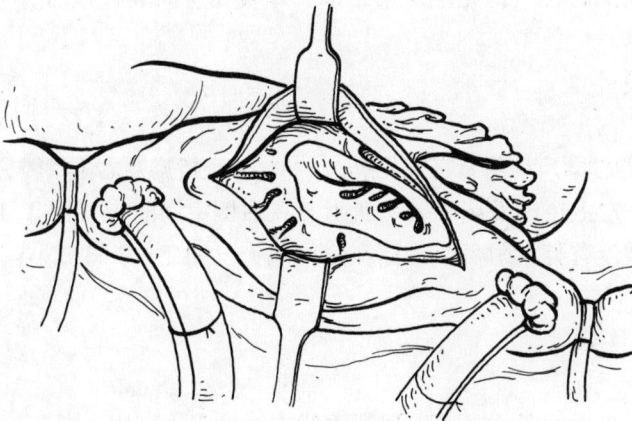

图2-11-5

漏入右心腔可经右心房切口修补瘘口（图2-11-5）。寻找瘘口时，可经主动脉根部冷灌管注入少量心脏停搏液，即可发现瘘口，瘘口大者应该用补片修补（图2-11-6）。

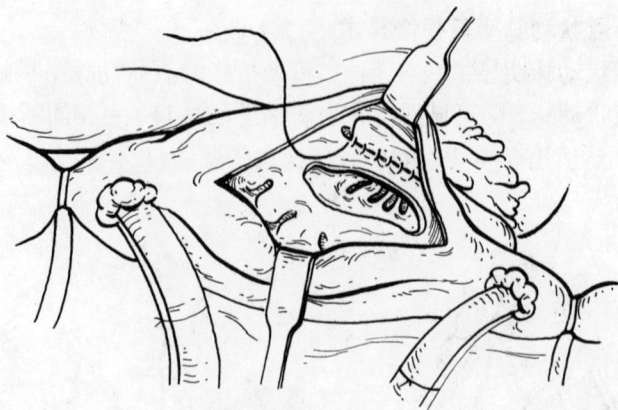

图 2-11-6

术中要点

病变典型者，操作简单。但是复杂病例，术中寻找瘘口位置有时困难。缝合要严密，防止复发。术中要注意心电图的改变，出现心肌缺血改变或合并冠状动脉疾病者同时需要行搭桥手术。因此，术前做冠状动脉造影非常必要。

术后处理

同一般体外循环手术后处理。

第十二节　完全型房室间隔缺损

部分型房室间隔缺损（详见本章第二节"原发孔房间隔缺损"）。

Rastelli 分型

A 型：前桥瓣的腱索广泛附着在室间隔上，并将左上桥瓣及右上桥瓣分开（图2-12-1）。
B 型：少见。左上桥瓣发出的乳头肌附着在右侧室间隔上（图2-12-2）。
C 型：前桥瓣没有腱索附着，悬浮在室间隔上（图2-12-3）。

适应证

由于患儿在出生后数月内就可出现严重的充血性心力衰竭,应尽早行一期根治手术。

禁忌证

艾森门格综合征及左心室发育不全，重要脏器功能差者。

64

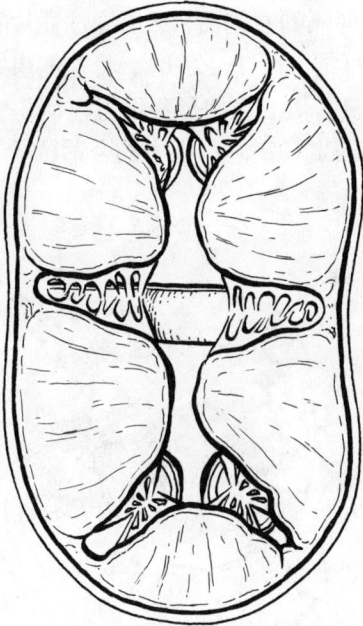

图 2-12-1

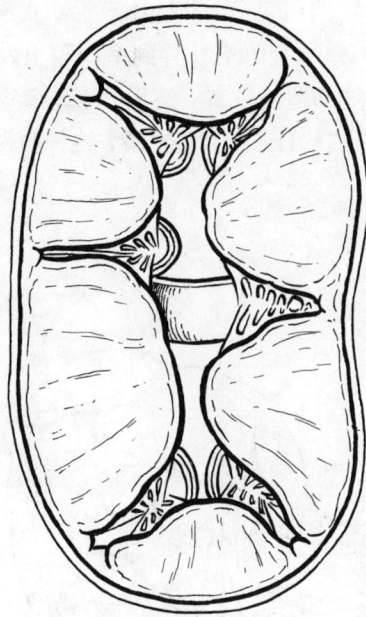

图 2-12-2

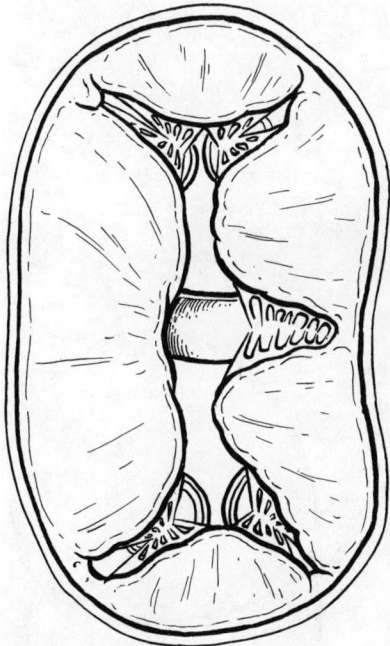

图 2-12-3

麻醉

气管插管全身麻醉。

体位及切口

仰卧位，肩胛间垫高。胸骨正中切口。

体外循环

按常规体外循环准备。

手术步骤

手术的原则是关闭室间隔缺损及房间隔缺损，恢复无狭窄和返流的二尖瓣。包括单片法、双片法。

1.单片法

补片多采用自体心包补片。

将房室瓣叶漂浮对合，确定前后桥瓣的对合线及二尖瓣和三尖瓣的预定分割线（图

2-12-4）。用间断的带垫片水平褥式缝线固定于室间隔的右侧面，然后缝过补片的底部（图2-12-5）。落下补片到室间隔上，逐一将缝线打结（图2-12-6）。将左侧房室瓣缝合到补片的适当位置，然后将二尖瓣裂缝合（图2-12-7）。再将已经缝过左侧房室瓣和补片的缝线缝过右侧房室瓣，这样将两侧的房室瓣固定在室间隔上方的合适位置，再缝

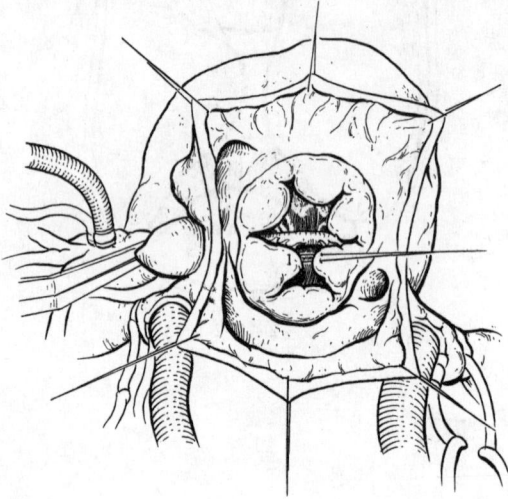

图 2-12-4

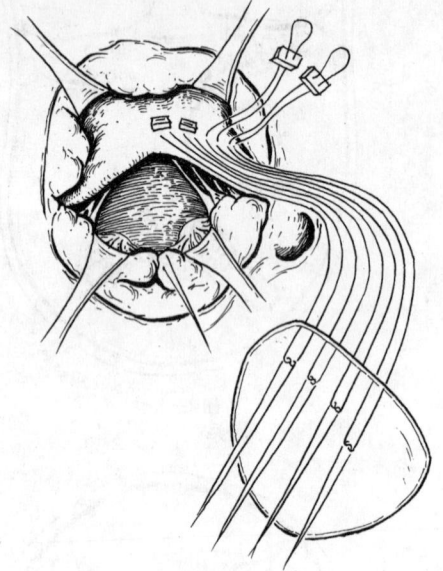

图 2-12-5

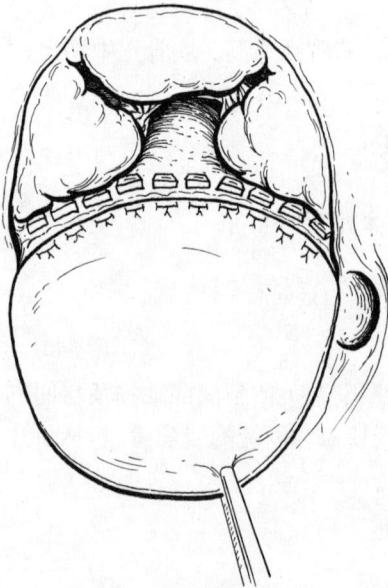

图 2-12-6

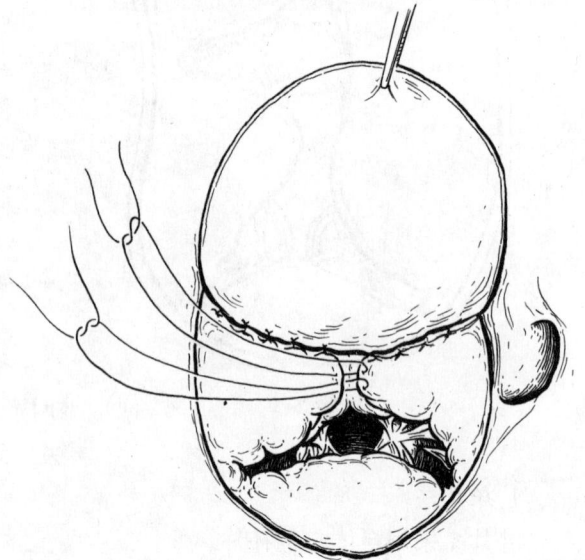

图 2-12-7

合三尖瓣，注水试验检查返流情况（图2-12-8）。最后用室间隔上方的补片修补房间隔缺损（图2-12-9）。

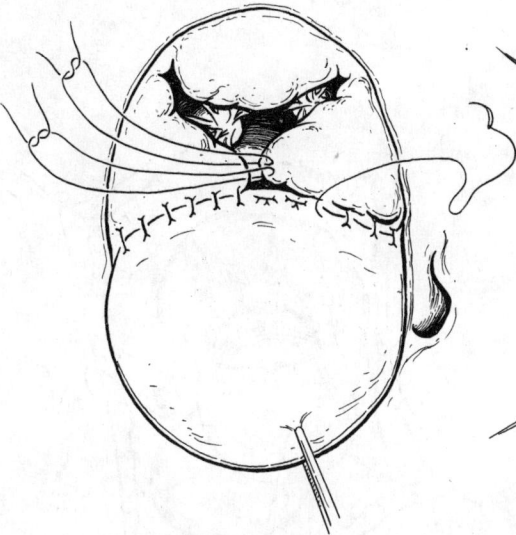
图2-12-8

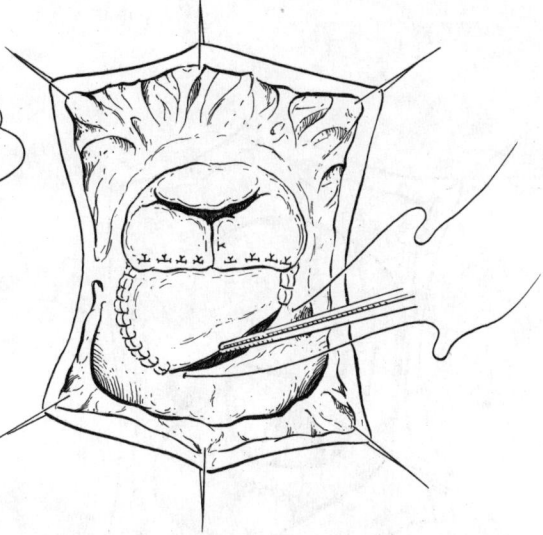
图2-12-9

2.双片法

首先测量共同瓣根间距 AB 及共同瓣水平至室间隔嵴的高度 C，用来确定人工补片的大小（图2-12-10）。用间断的带垫片水平褥式缝线固定于室间隔的右侧面，在前后共同瓣的瓣根即补片的转角处将缝线穿过瓣叶，从右心房侧穿出（图2-12-11）。用新月形

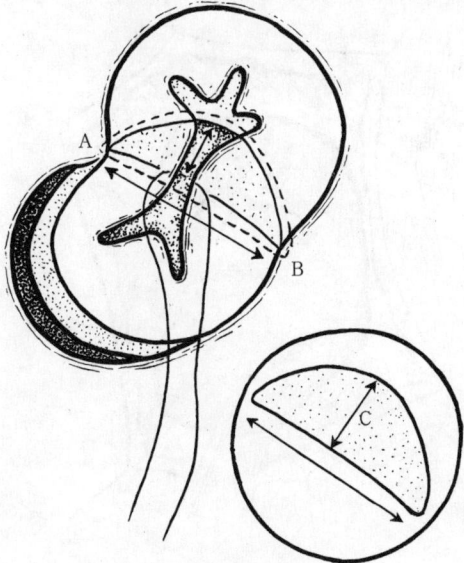
图2-12-10

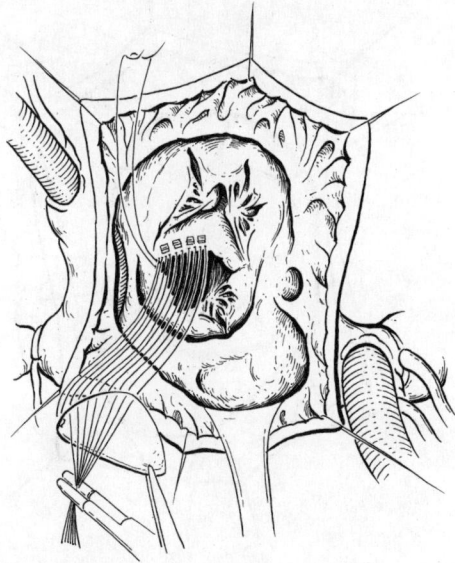
图2-12-11

人工补片修补室间隔缺损,注意补片前后转角处要闭合严密,对合左侧房室瓣(图2-12-12)。将缝线穿过室间隔缺损人工补片、二尖瓣及自体心包片,结扎后完成心房间的分隔(图2-12-13),间断缝合修补二尖瓣裂,注水试验确定返流情况（图2-12-14），连续缝合自体心包补片修补房间隔缺损（图2-12-15），然后缝合三尖瓣裂（图2-12-16）。

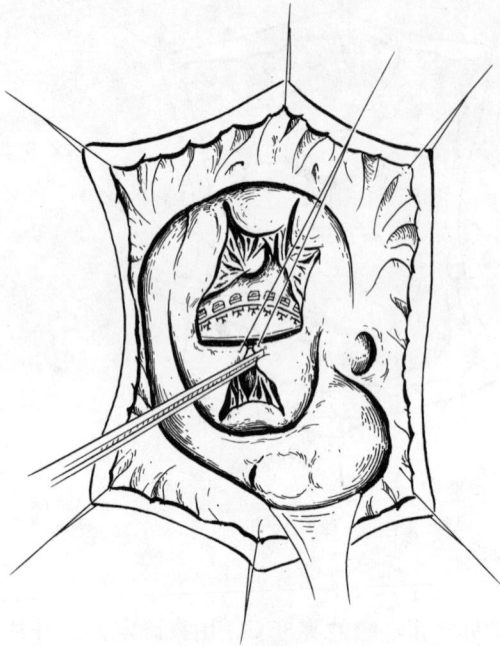

图 2-12-12

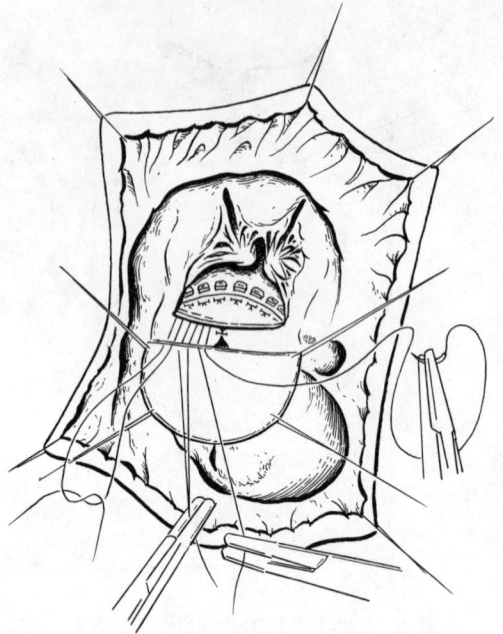

图 2-12-13

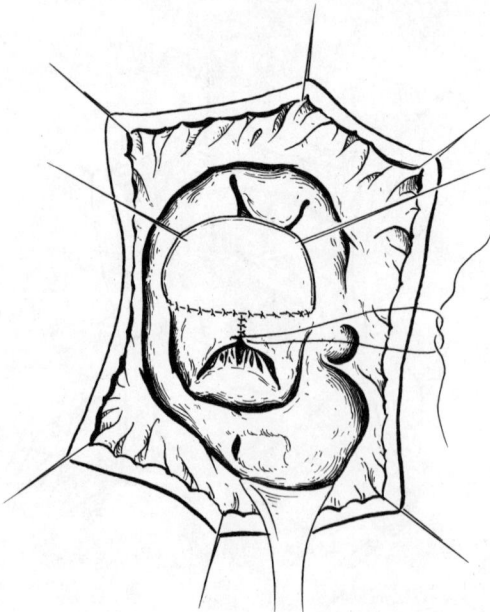

图 2-12-14

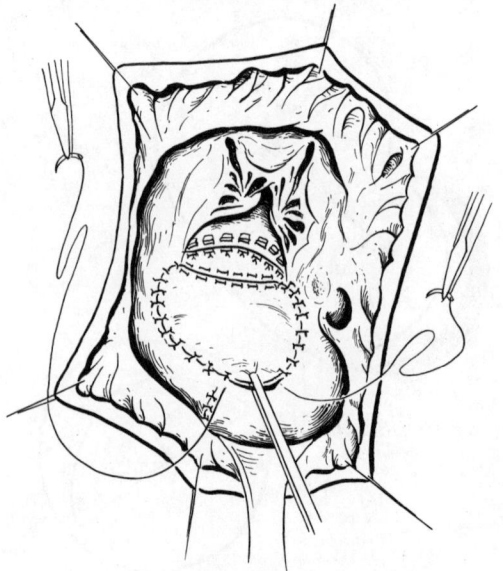

图 2-12-15

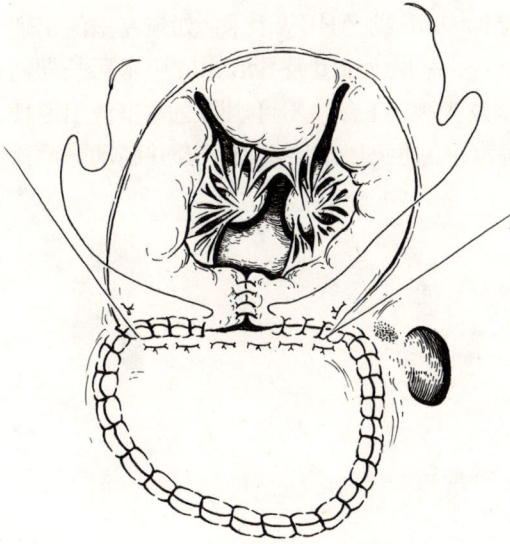

图 2-12-16

术中要点

心房内的补片一般采用自体心包补片。使用人工补片，如果术后有二尖瓣返流，血流冲击补片会产生溶血。无论采用什么方法，手术的关键是封闭室间隔缺损，恢复无狭窄和返流的二尖瓣及三尖瓣。要将房室瓣置于合适的高度，防止房室瓣扭曲及主动脉瓣下狭窄。如果室间隔缺损较大时，一般选择双片法。

术后处理

术后给予机械通气，给予镇静剂及肌松剂，减少肺动脉高压危象发生，常规给予磷酸二酯酶抑制剂，必要时吸入氧化亚氮。

第十三节　大动脉转位

两大动脉分别发自不相适应的心室，即主动脉发自形态学右心室，肺动脉发自形态学左心室。

分类

一般分为室间隔完整的大动脉转位，大动脉转位合并室间隔缺损和左室流出道狭窄及大动脉转位合并左室流出道狭窄。

手术治疗

分为姑息性手术，生理性纠治手术（Mustard 及 Senning 手术），解剖矫正包括 Rastelli、REV 手术及动脉调转手术。

适应证及选择

所有患者均应行手术治疗。当室间隔完整且左心室能承受体循环压力时，首选动脉调转手术（Switch 手术）；出生 2～3 周后，左心室功能退化，不能耐受体循环压力，需行左心室锻炼手术（肺动脉环缩术）后，再行二期动脉调转手术；如合并肺动脉瓣狭窄及左室流出道梗阻且肺动脉发育较好时，可行Rastelli或者REV手术；如果左室流出道狭窄手术处理困难时，可采用Nikaidoh手术。尽管Mustard及Senning手术后长期随访显示有较高的房性心律失常及右心功能不全发生率。在合并不可切除之左室流出道梗阻或难于处理的冠状动脉畸形时，仍可行心房水平的生理性纠治手术。合并肺动脉瓣狭窄及右心室发育不良者，可行体肺分流手术。

禁忌证

左心室发育不全，重要脏器功能差者。

麻醉

气管插管全身麻醉。

体位及切口

仰卧位，肩胛间垫高。胸骨正中切口。

体外循环

按常规体外循环准备。

手术步骤

1.Senning 手术

在界沟上方行右心房纵行切口（图2-13-1）。从卵圆窝的最前端切开，并分别向右上、下肺静脉的上、下缘切开至房间隔的基底部形成房间隔片（图2-13-2）。如果房间隔片面积不够，可用人工和自体心包片扩大（图2-13-3）。将房间隔片缝至左心耳的后方、左下肺静脉和左上肺静脉之间前方的左心房壁上，覆盖左肺上、下静脉开口的上缘。沿左心房后壁向上和向下继续缝合至房间隔片的基底部，将右心房后部的前缘缝合到二尖瓣和三尖瓣之间的房间隔的前部，然后向上、向下环绕上腔静脉和下腔静脉的侧缘（图2-13-4）。将

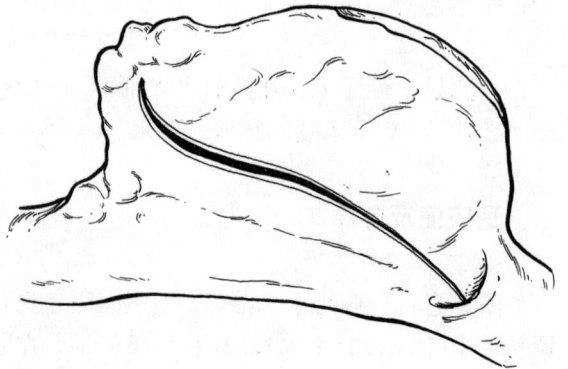

图2-13-1

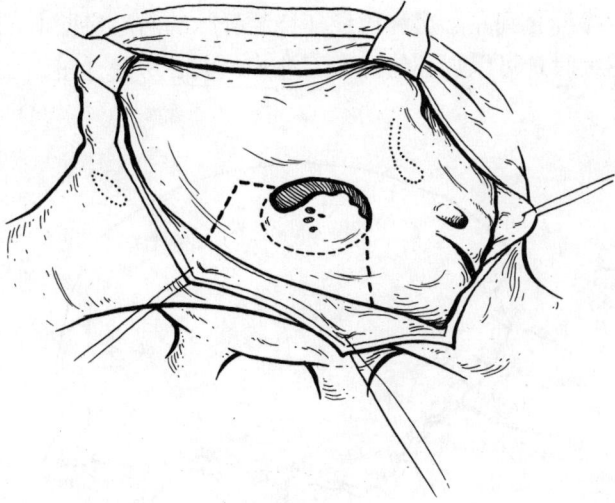

图 2—13—2

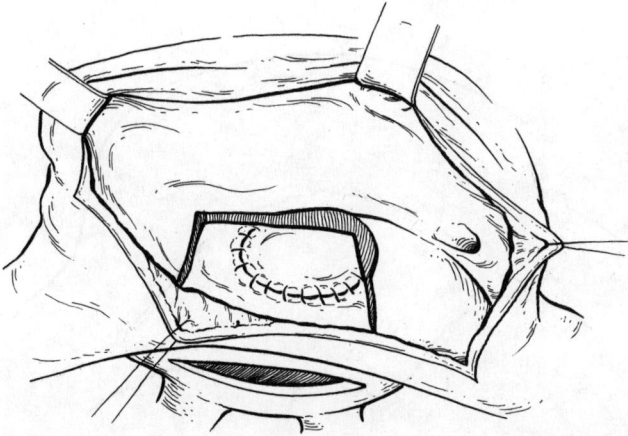

图 2—13—3

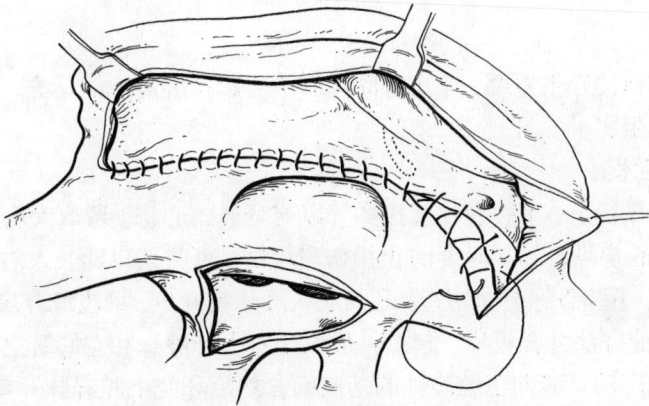

图 2—13—4

右心房壁前部的后缘缝合到左心房和已经环绕腔静脉的右心房壁上（图2-13-5）。如果右心房的上部不够大时，可以加心包和人工补片扩大心房壁（图2-13-6）。

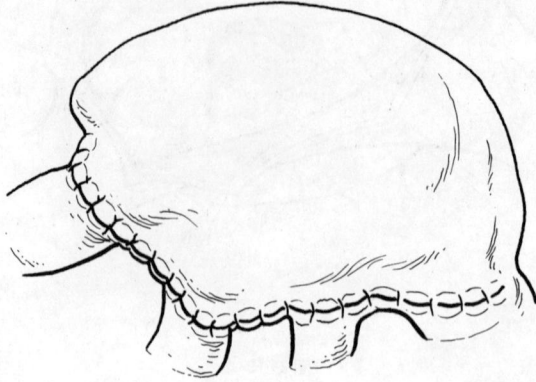

图2-13-5

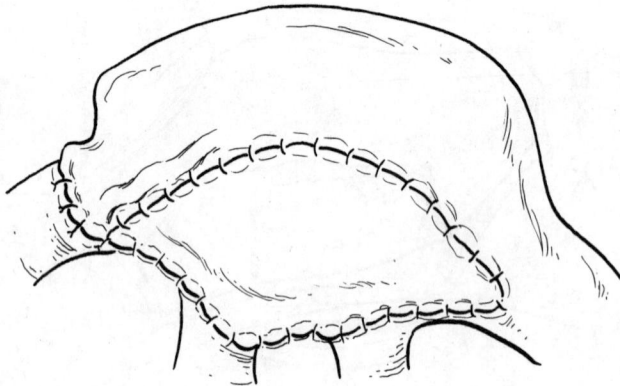

图2-13-6

术中要点

右心房的切口位置很重要，分离房间沟时不要超过腔静脉的后方，防止缝合房壁造成腔静脉回流受阻。

2.Mustard手术

体外循环时需行上、下腔静脉直接插管以充分暴露心房。留取大块自体心包片作为板障材料。做右心房纵行切口时要防止损伤窦房结。可将切口延长入右心耳。切开卵圆窝，并分别向上、下腔静脉方向切开。避开冠状静脉窦开口，锁边缝合房间隔的切缘（图2-13-7）。连续缝合法缝合板障，起点一般位于左上肺静脉和左心耳之间，沿左心房后壁缝合（图2-13-8）。缝向上腔静脉的基底面，然后环绕上腔静脉开口处的右心房壁，最后返回（图2-13-9）。沿左下肺静脉边缘和心房后壁向下腔静脉方向缝合，并环绕下

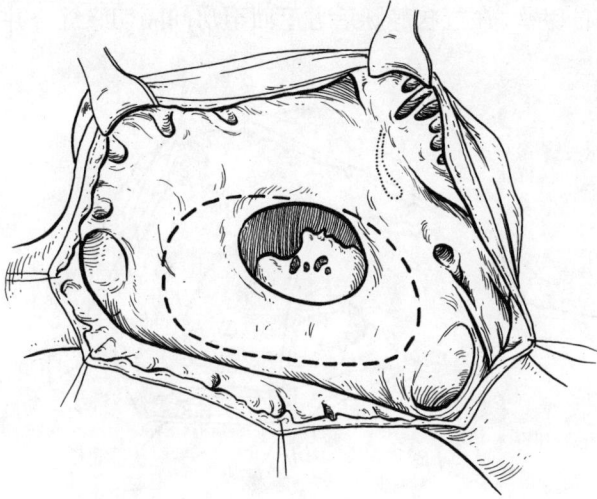

图 2-13-7

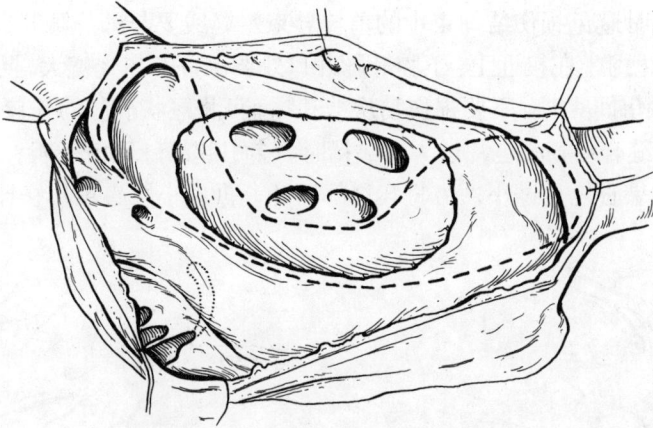

图 2-13-8

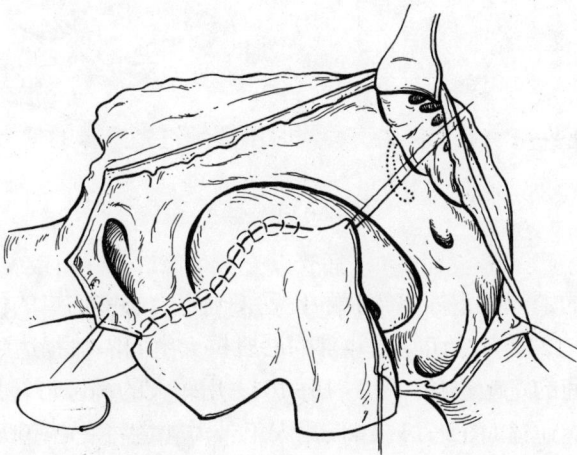

图 2-13-9

腔静脉开口转到右心房壁,在冠状静脉后方返回至房间隔切缘缝合并与缝线的另一端打结(图2-13-10)。

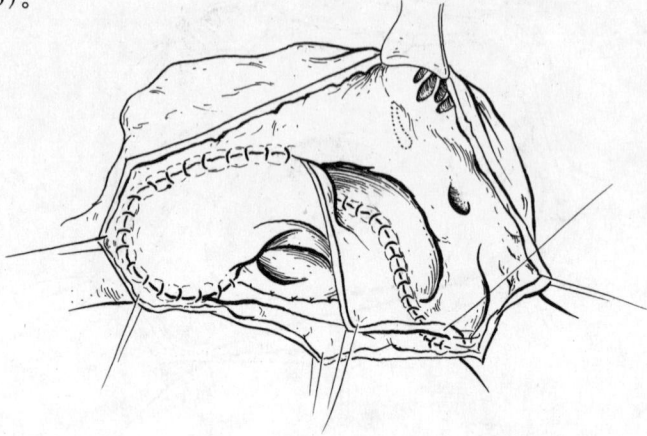

图2-13-10

术中要点

切开房间隔时避免损伤结间束中的前传导束。缝线要与肺静脉开口保持一定距离,防止出现肺静脉梗阻,在接近上、下腔静脉开口处要保证开口处宽大,防止梗阻出现(图2-13-11)。切除房间隔时,不要损伤窦房结动脉。可将冠状静脉的开口隔在心包片的内侧或外侧。完成缝合后,心包片过大有皱褶时,会引起静脉回流受阻,可将部分心包片切除。反之,如果心包片过小,可将其局部切开,再用小块心包片修补加宽。

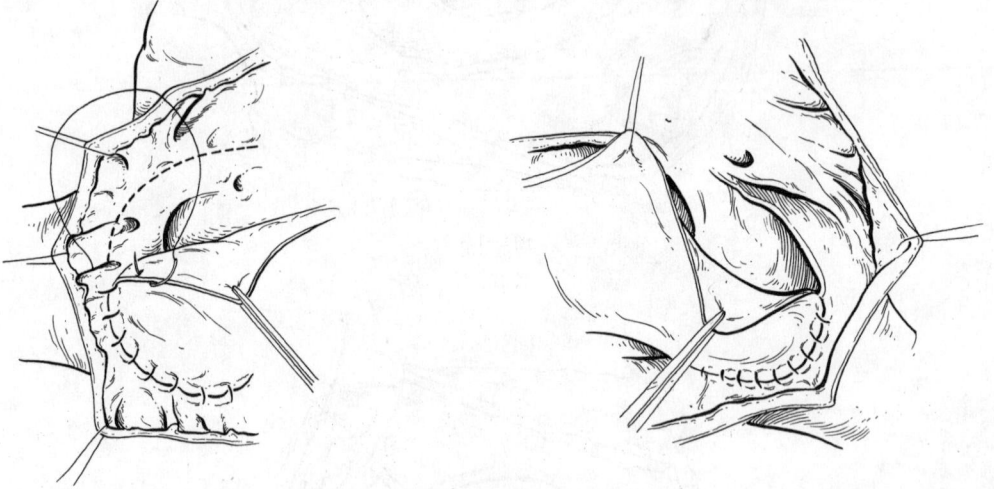

图2-13-11

3.Rastelli 手术

根据冠状动脉的走行及室间隔缺损的位置来确定右心室切口的位置,行右室流出道纵行切口(图2-13-12)。充分切除漏斗部的心肌扩大室间隔缺损达到主动脉瓣开口,形成左心室与主动脉间的宽敞连接(图2-13-13)。用较大的椭圆形补片修补室间隔缺损,形成左心室与主动脉通道(图2-13-14)。用人工带瓣管道将右心室切口与肺动脉左吻合(图2-13-15)。

74

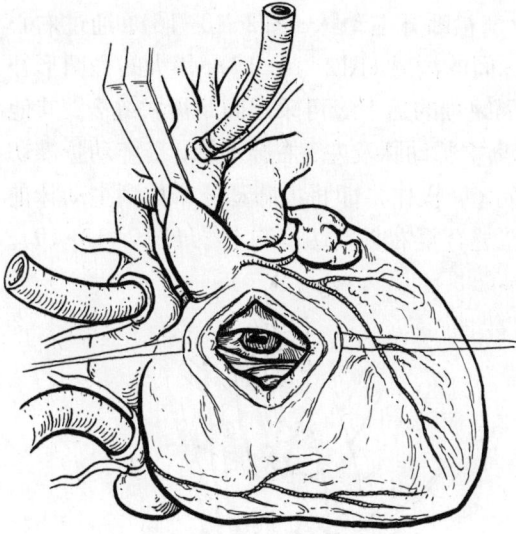

图 2-13-12

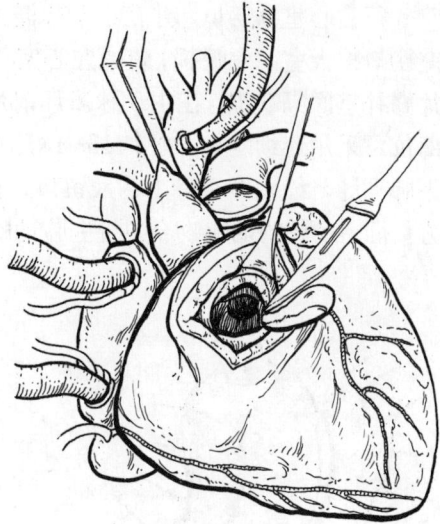

图 2-13-13

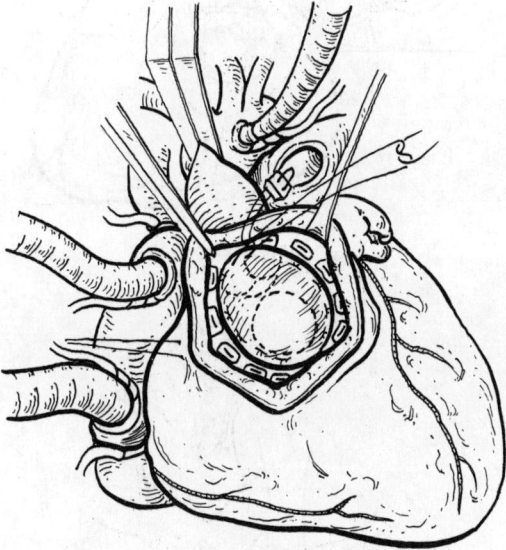

图 2-13-14

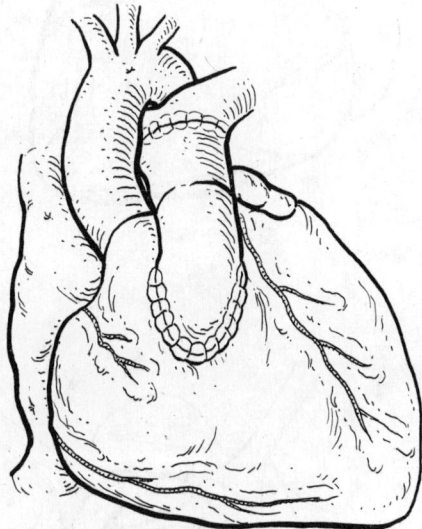

图 2-13-15

术中要点

要充分扩大室间隔缺损，防止术后左室流出道梗阻。如果室间隔缺损远离主动脉开口，应行心内管道连接。同种带瓣管道做心外管道的远期效果优于人工血管带瓣管道。婴幼儿采用该手术后，需行再次手术更换心外管道。

4. REV (Réparationà l'ètage ventriculaire) 或 Lecompte 手术

为减少 Rastelli 手术后带瓣外管道功能衰竭的远期并发症，有人提出采用非外管道法重建右心室至肺动脉的手术方法，即 REV 手术，可以显著减少再次手术的几率。

行右心室纵切口，并在主动脉瓣上2～4cm横断升主动脉（图2-13-16）。通过右心室切口扩大室间隔缺损，疏通左心室与主动脉间的沟通（图2-13-17）。用大的椭圆形补片修补室间隔缺损，在主动脉瓣环前及室间隔缺损的后下缘可采用间断褥式缝合，其他部位可采用连续缝合（图2-13-18）。充分游离主肺动脉及左、右肺动脉，带肺动脉瓣切下肺动脉，缝闭右心室上的残留口，行Lecompte操作，即将主肺动脉牵拉到主动脉前方，行主动脉的端端吻合。将主肺动脉的后壁缝合至右心室切口的上缘（图2-13-19）。

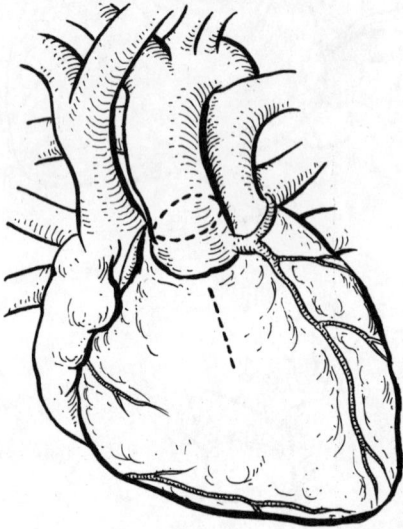

图 2-13-16

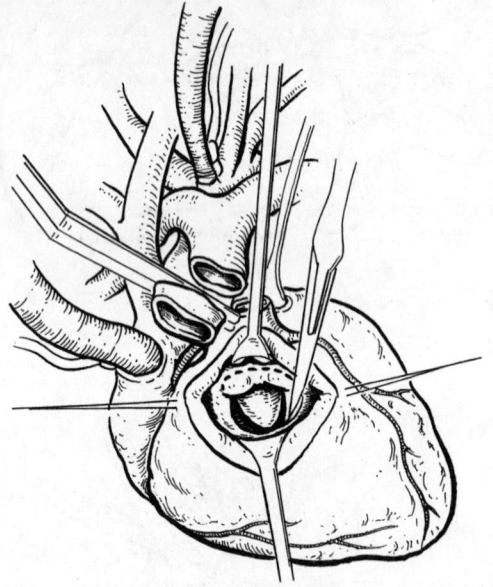

图 2-13-17

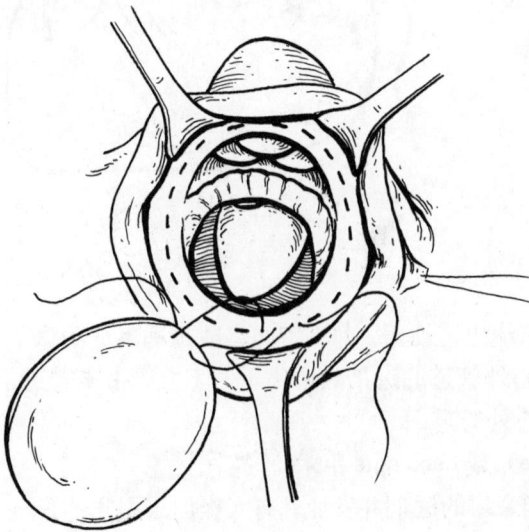

图 2-13-18

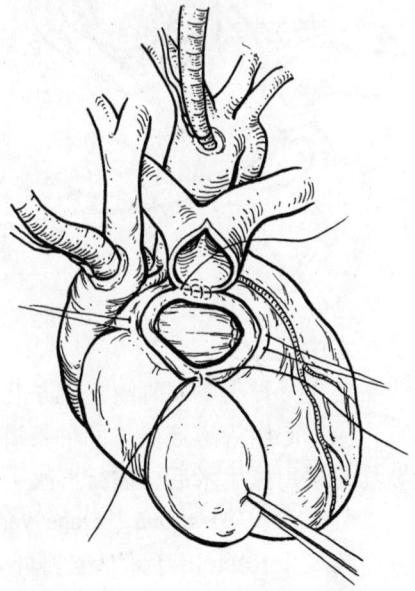

图 2-13-19

76

用带单瓣牛颈静脉片或不带瓣心包补片缝合前部
（图2-13-20）。

术中要点

要切除主动脉瓣下的室间隔漏斗部,疏通左心室到主动脉的连接。如果室间隔缺损远离主动脉开口,应行心内管道连接。如果主动脉和肺动脉为并列关系，可不行Lecompte操作。

5.大动脉调转术（Switch手术）

体外循环开始后，要充分游离主肺动脉及左、右肺动脉至肺门，并要切断动脉韧带或动脉导管，要详细探查左、右冠状动脉的走行及分布，这对手术的成功与否至关重要（图2-13-21）。在冠状动脉起源上方1cm处横断主动脉，根据冠状动脉的走行，将左、右冠状动脉开口处纽扣状游离下来，并游离两侧冠状动脉的近端（图2-13-22）。在靠近肺动脉分叉处横断，行Lecompte操作，即将肺动脉拉至主动脉的前方，

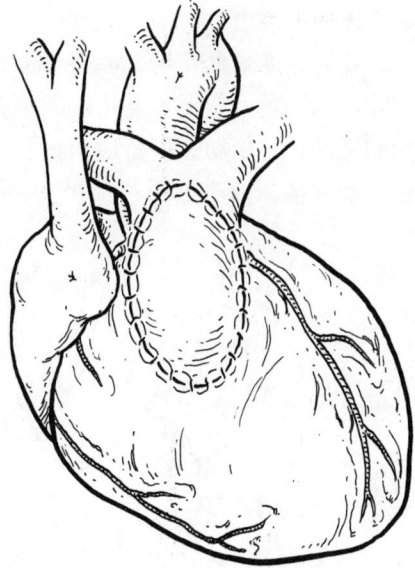

图2-13-20

并更换主动脉阻断钳的位置（图2-13-23）。将游离后的左、右冠状动脉与肺动脉根部对合，确保移植后的冠状动脉无张力、无扭曲，确定位置后，作肺动脉壁的U形切除（图2-13-24）。将已经游离下来的冠状动脉移植到肺动脉的近端，然后将升主动脉与肺动脉根部作端端吻合（图2-13-25）。将新鲜或经过固定的自体心包修剪成裤形，修补主动脉

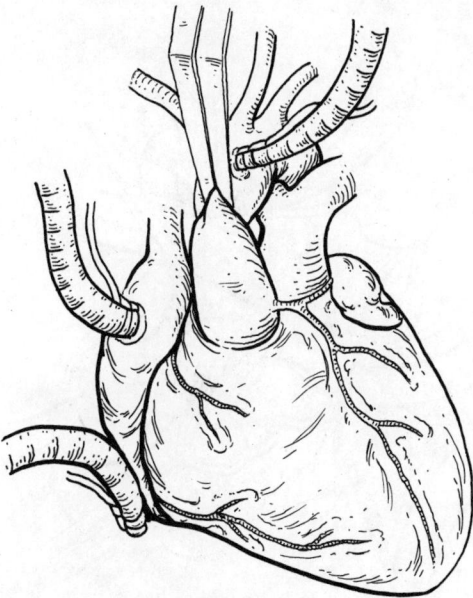

图2-13-21

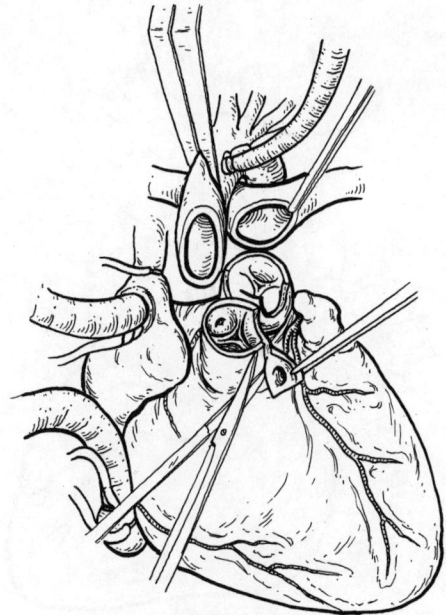

图2-13-22

77

根部（图2-13-26）。最后完成与肺动脉间的端端吻合（图2-13-27）。

术中要点

要充分游离两侧肺动脉并切断动脉韧带或动脉导管，防止血管吻合后产生张力。在切除冠状动脉开口时，要用探条探查冠状动脉的走行，防止误伤冠状动脉。游离冠状动脉的近端，防止动脉移植后产生张力。冠状动脉移植是手术的关键，术中要观察心肌颜色、收缩情况及心电图改变。吻合肺动脉时，先用裤形修补冠状动脉切除后的缺损处，

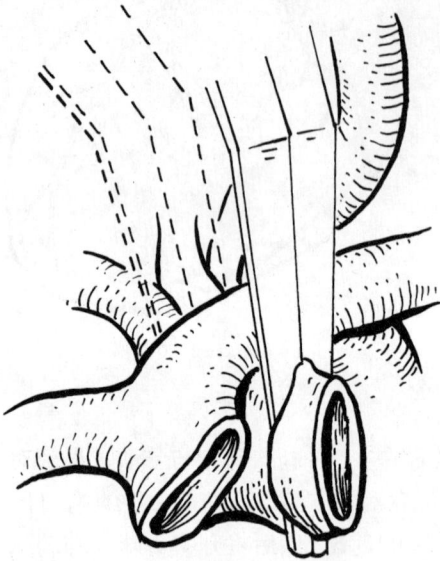

图 2-13-23

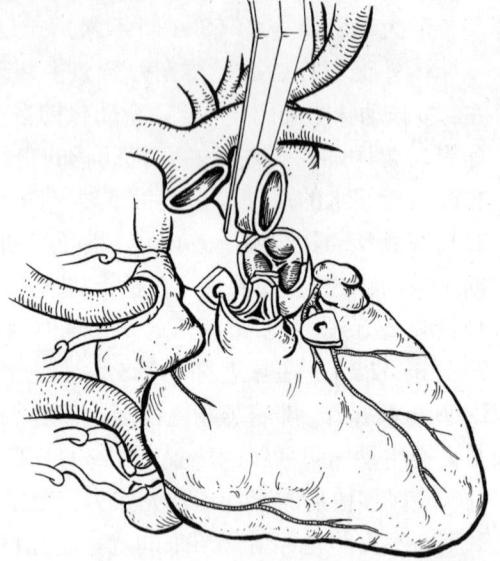

图 2-13-24

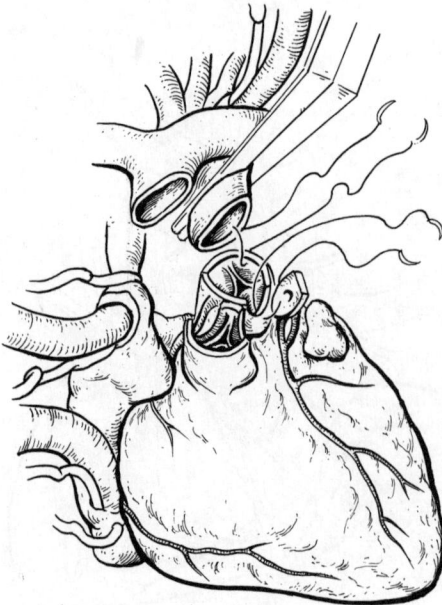

图 2-13-25

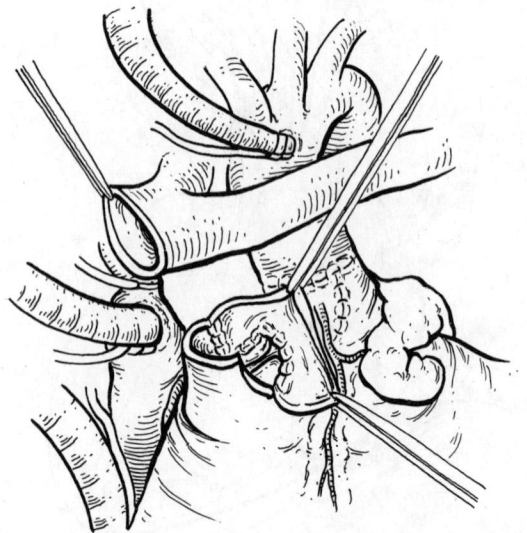

图 2-13-26

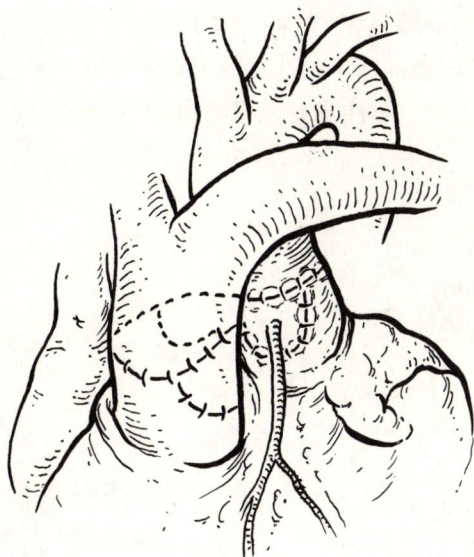

图 2-13-27

同时减少吻合后的张力。

6.大动脉根部转位及双室流出道重建术（Nikaidoh 手术）

是将主动脉根部连同冠状动脉一并移植到左室流出道，然后行右心室与肺动脉间带瓣管道。游离左、右冠状动脉的近端，环绕主动脉根部切下部分右心室壁（图2-13-28）。横断主肺动脉根部，切开左室流出道，切除肺动脉下狭窄，疏通左室流出道（图2-13-29）。切除漏斗部室间隔，将主动脉后移，并将主动脉根部的后壁与肺动脉瓣环缝合（图

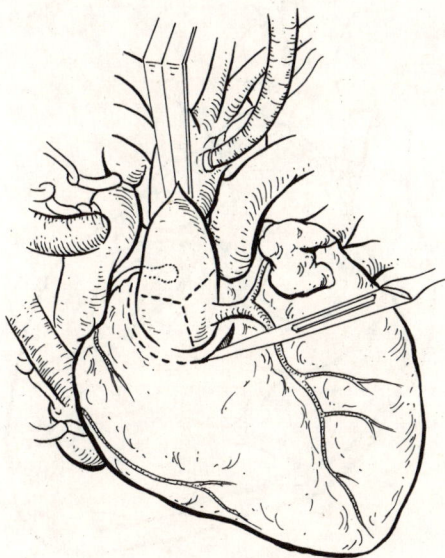

图 2-13-28

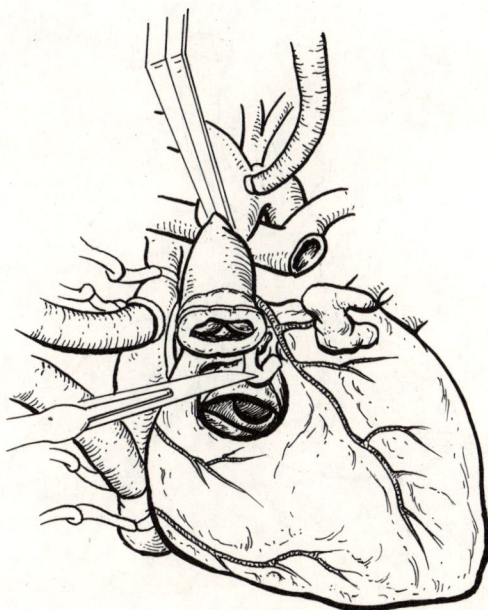

图 2-13-29

79

2-13-30）。用补片修补室间隔缺损，将补片的上部与主动脉根部缝合，完成右室流出道的重建（图2-13-31）。将肺动脉干的后部缝合至主动脉，然后用补片重建右室流出道（图2-13-32）。完成手术后，要注意有无冠状动脉的扭曲及张力（图2-13-33）。

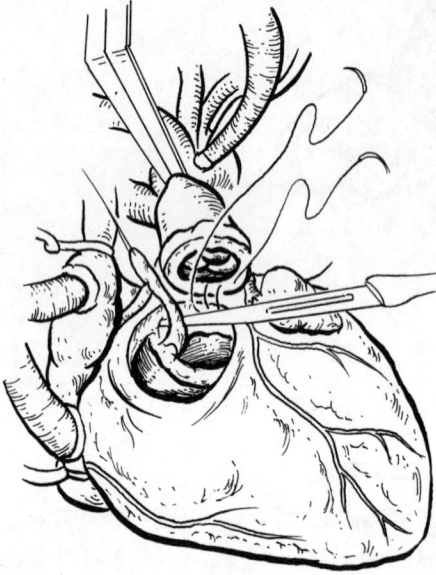

图 2-13-30

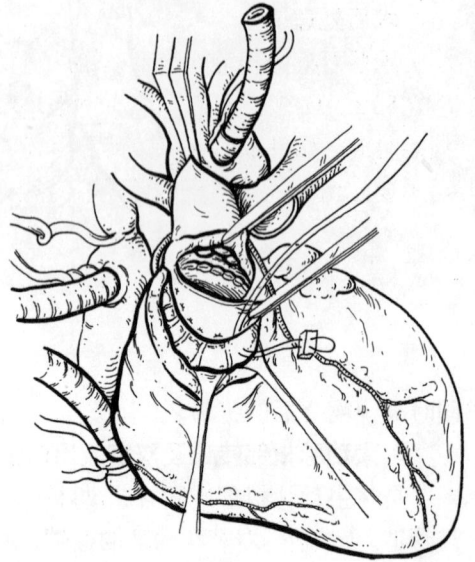

图 2-13-31

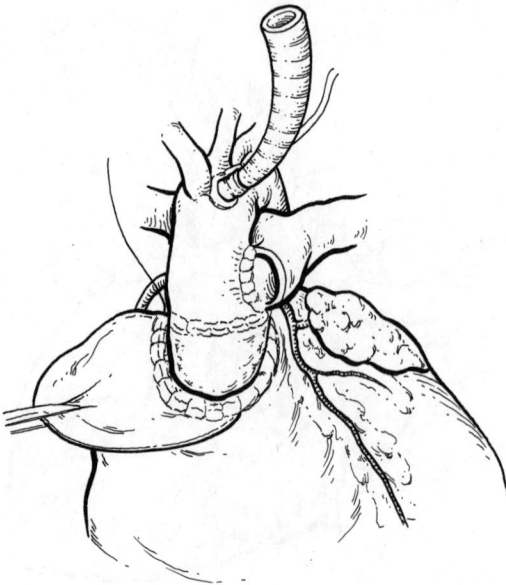

图 2-13-32

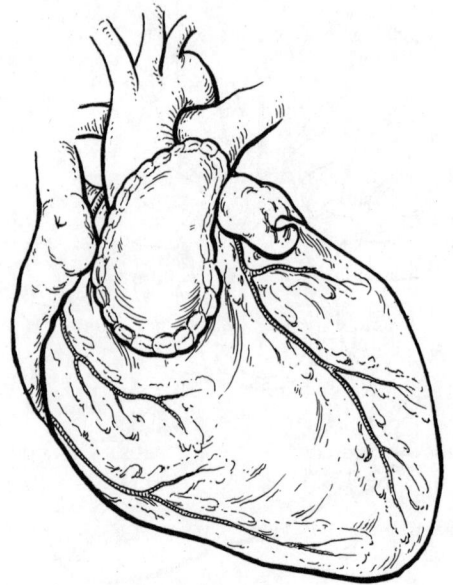

图 2-13-33

术中要点

如存在异常冠状动脉类型或连同主动脉根部移位距离偏大的情况下，冠状动脉近端要充分游离，必要时行冠状动脉移植，防止冠状动脉无扭曲而产生的张力过高而影响心肌灌注。采用经戊二醛处理后的自身心包补片扩大、重建右室流出道至肺动脉的前壁，其优点是自身取材，而且操作简便，弥补了小口径管道来源不足或人工管道再手术的风险。

术后处理

术后要充分镇静，给予机械同期辅助，减少机体消耗。大动脉调转术后要控制收缩压在80mmHg以下，以利左心室逐渐适应体循环的负荷，这个过程可能需要数天甚至数周的时间。如果术后存在较大的室间隔缺损残余分流，需要再次手术处理。心房调转术后不要使用呼吸末正压机械通气，避免静脉回流受阻。

第3章 心脏瓣膜手术

第一节　二尖瓣置换术

适应证

各种病因引发的二尖瓣功能障碍。

禁忌证

急性期脑梗死，心脏恶病质，严重肺动脉高压。

术前准备

术前充分准备，改善患者肺功能，可增加手术的安全性和防止术后并发症，有利于患者术后康复。二尖瓣狭窄的患者应行强心利尿治疗，补充钾盐。全身状况差者，给予高蛋白饮食。在无风湿活动，心肺功能最佳状态的情况下再进行手术。

麻醉

气管插管全身麻醉。

体位及切口

仰卧位，肩胛间垫高。胸骨正中切口。

体外循环

按常规体外循环准备。

手术步骤

左房间沟入路：分离房间沟并在其下方纵行切开左心房壁（图3-1-1），分别向上、下方延长至腔静脉的后方，向上方牵拉即可显露二尖瓣（图3-1-2）。

右心房房间隔入路：在上、下腔静脉插管之间界嵴的前方切开右心房（图3-1-3），纵行切开卵圆窝，并向左肺上静脉方向延长房间隔切口。该切口距离二尖瓣近，在心脏增大不明显时也显露良好（图3-1-4）。

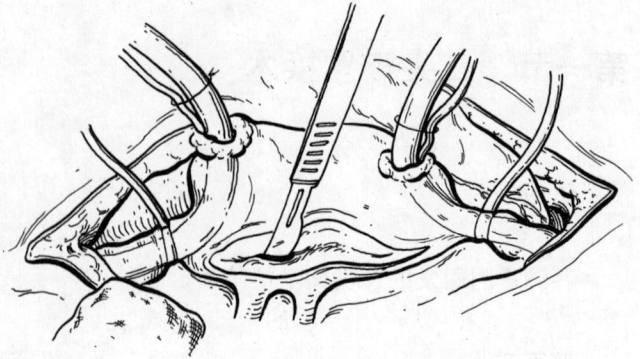

图 3-1-1

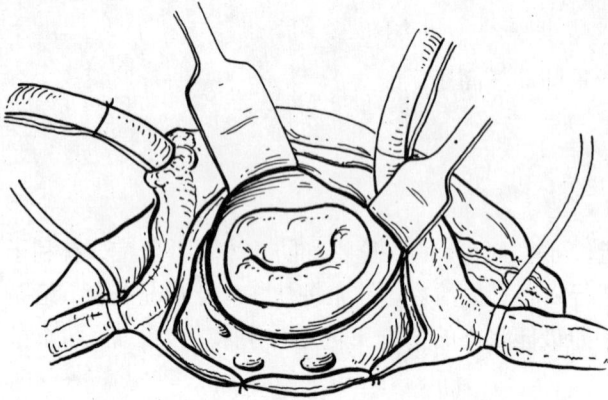

图 3-1-2

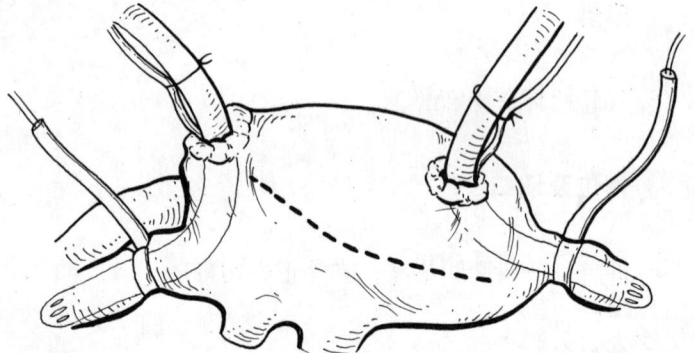

图 3-1-3

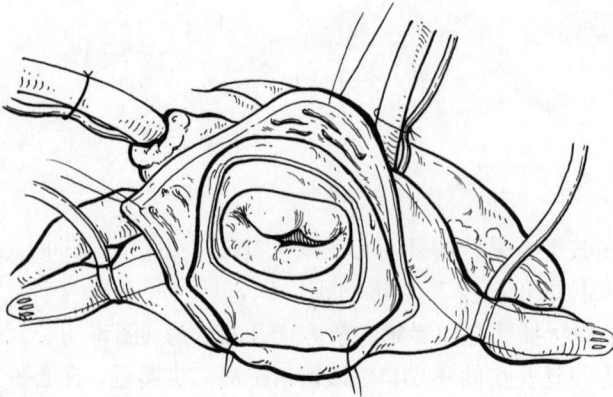

图 3-1-4

左心房顶入路：在升主动脉和上腔静脉之间横行切开左心房顶部，可以很好地显露二尖瓣（图3-1-5）。缺点：有可能损伤窦房结动脉，另外左房顶部较薄，一旦出血修补困难。

瓣膜的切除及人工瓣植入：进入左房后，首先探查二尖瓣病变情况。确定行二尖瓣置换术后，切除病变的二尖瓣瓣叶。后瓣环外侧邻近左冠状动脉回旋支，内侧靠近冠状静脉窦，如缝针过深，可造成损伤。前瓣环与主动脉瓣环相连，如进针深可损伤主动脉瓣。靠近室间隔处缝合时注意保护房室结（图3-1-6）。

切除二尖瓣时，用钳子夹住前瓣叶，向右侧牵引显露瓣叶，在二尖瓣前叶中部，距瓣环3mm处用尖刀切开，向两侧扩大切口，切除前、后瓣叶，在乳头肌与腱索相连处切开腱索，最后切除整个病变瓣膜（图3-1-7）。保留二尖瓣的后瓣腱索与乳头肌对心功能有远期保护作用。可部分切除二尖瓣后叶，保留腱索附着处的瓣叶（图3-1-8），缝线时，从左心房面进针并穿过保留的瓣叶，使后瓣叶折叠在瓣环与人工瓣膜的缝合环之间，也可先用单独缝线将待保留的瓣叶固定在后瓣环上（图3-1-9）。植入机械瓣膜时，缝线方法都采取间断褥式外翻缝合，从左心房面进针，左心室面出针。缝线为双头针带垫片。这种缝合法可有效防止机械瓣叶活动受限（图3-1-10）。一般平均缝合12~16针，最后将缝线缝于机械瓣膜的缝合缘上（图3-1-11）。将人工瓣膜推下入二尖瓣瓣环后，撤去持瓣器，确定人工瓣完全落入瓣环后，逐一打结。剪线后，仔细检查人工瓣叶启闭是否受限（图3-1-12）。使用双叶瓣

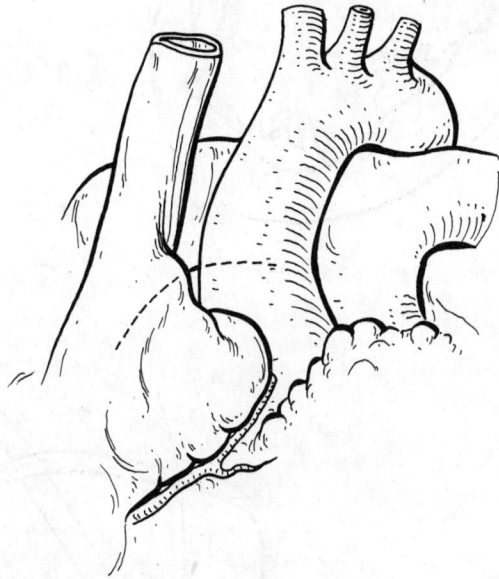

图 3-1-5

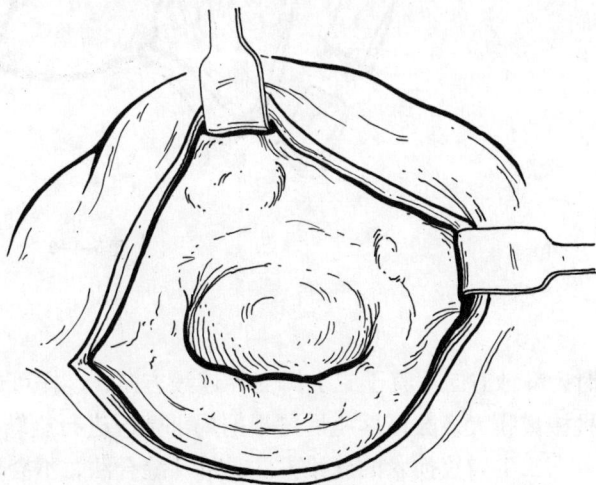

图 3-1-6

87

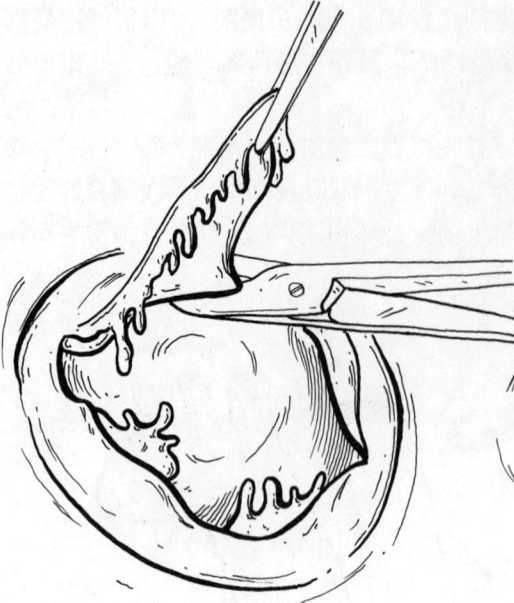

图 3-1-7

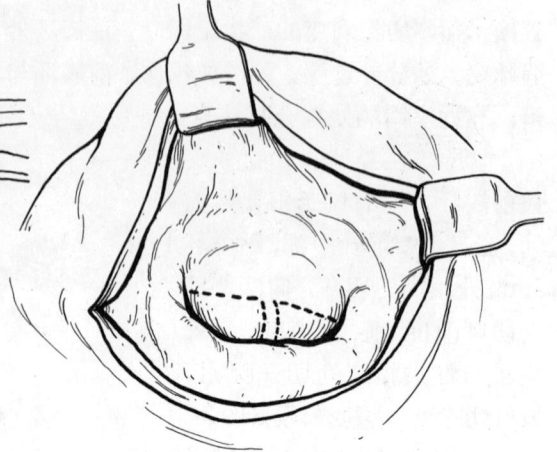

图 3-1-8

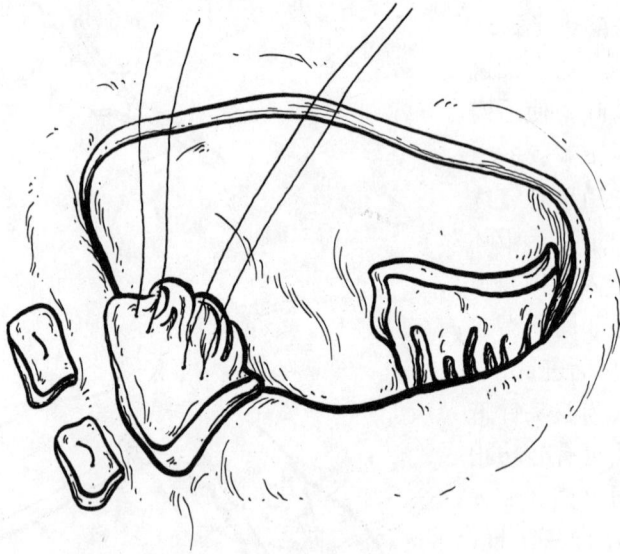

图 3-1-9

时，瓣轴方向垂直于二尖瓣交界连线方向，这样可最大限度地防止卡瓣现象发生。现代机械瓣膜大多数在落座后可根据局部情况进行旋转，方便手术操作。

二尖瓣置换术的缝线方法：单针缝合法，不会环缩瓣环，但缝针较多，一般在小瓣环时使用（图3-1-13）；间断外翻褥式缝合法（最常用），从心房面进针，穿过纤维化房

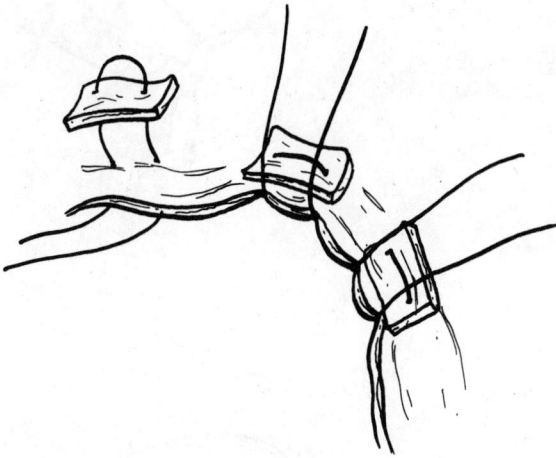
图 3-1-10

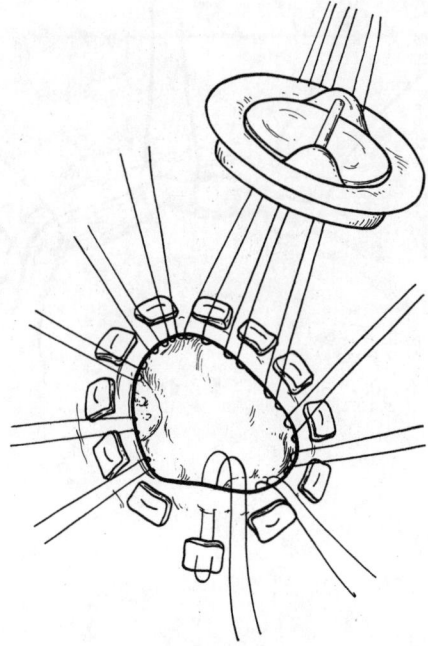
图 3-1-11

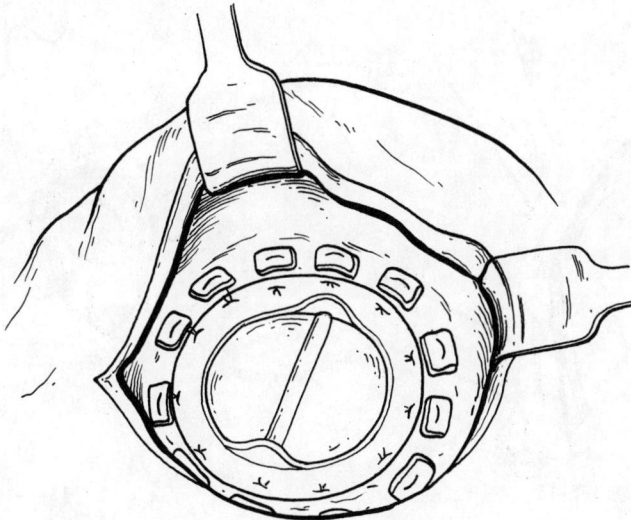
图 3-1-12

室环，于心室面出针，可最大程度减少残余组织对人工瓣叶的影响（图 3-1-10）；间断"8"字缝合法（图 3-1-14）；间断褥式法（将垫片放在左心室侧），在清除较多后瓣环钙化组织后使用有加固瓣环的作用（图 3-1-15），更常用于生物瓣或环上瓣置换时使用，不会妨碍瓣叶的活动（图 3-1-16）。

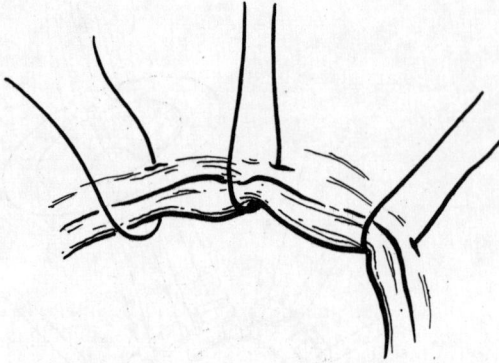

图 3-1-13

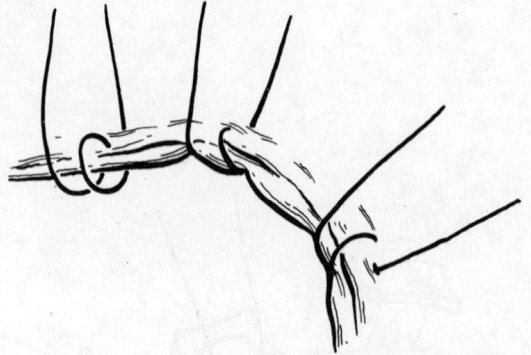

图 3-1-14

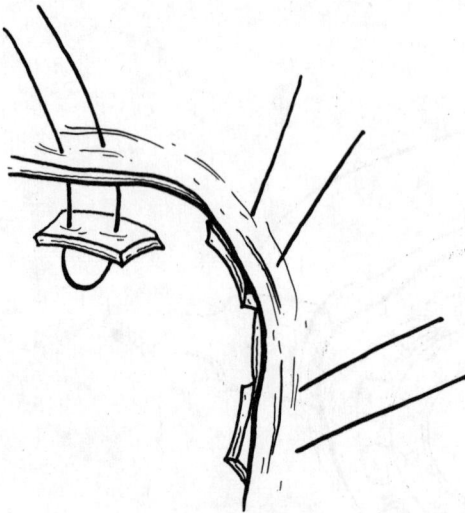

图 3-1-15

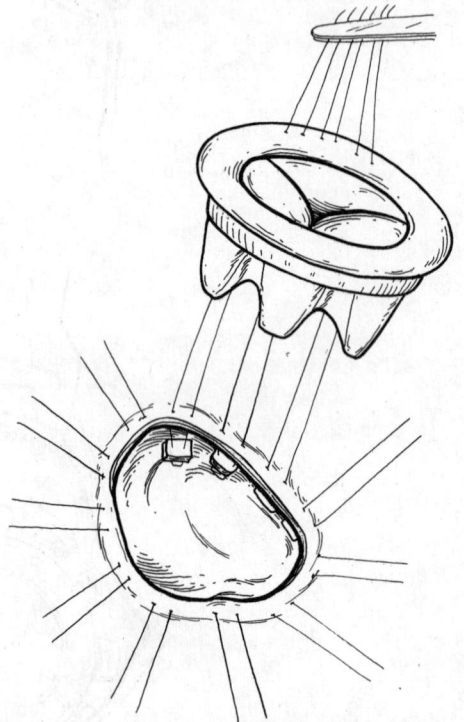

图 3-1-16

术中要点

操作时避免过度牵拉房室环及乳头肌或在落瓣后过分抬举心尖部，防止心脏破裂。过度切除瓣环上的钙化组织，植入过大的人工瓣，也是心脏破裂的危险因素。落瓣后要检查瓣叶活动，防止卡瓣现象发生。保留前叶要慎重，一定要确定无卡瓣发生（图3-1-17）。植入有瓣架的生物瓣时，要确认其上的标志，防止其瓣脚突入左室流出道导致血液流出受阻（图3-1-18）。

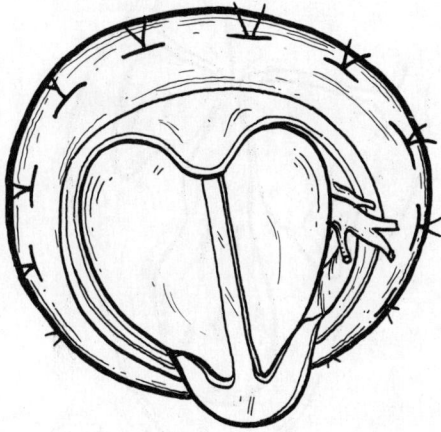

图 3-1-17

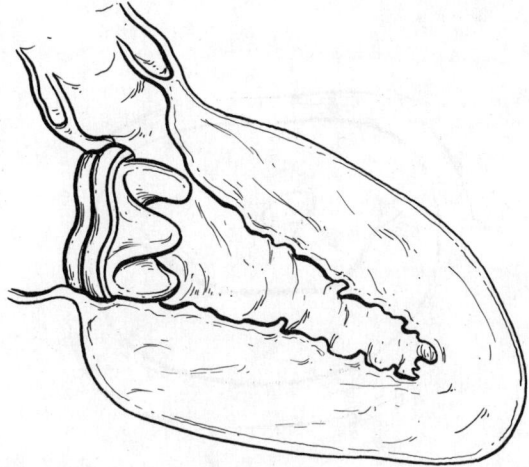

图 3-1-18

术后处理

改善心排出量，减少水分摄入，改善肺功能，纠正电解质紊乱，控制心律失常，密切监测引流量。

术后抗凝治疗，机械瓣置换术后需终生抗凝治疗，维持INR值在2.0～3.0；生物瓣置换术后亦需口服抗凝药物3个月。

第二节　二尖瓣成形术

分型

I型：瓣叶活动正常，但瓣环扩张或瓣叶穿孔（图3-2-1）。
II型：腱索或乳头肌断裂或腱索延长造成瓣叶脱垂（图3-2-2）。
III型：瓣叶活动受限，多见于风湿性心脏病，主要表现为交界融合，瓣叶增厚（图3-2-3）。

适应证

主要适用因腱索断裂、瓣叶穿孔或退行性变引起的I型、II型二尖瓣关闭不全，对风湿性III型二尖瓣病变需严格掌握手术指征，否则远期效果不佳。

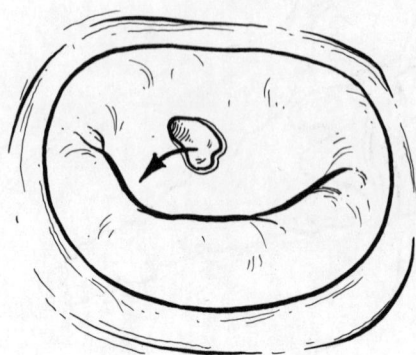

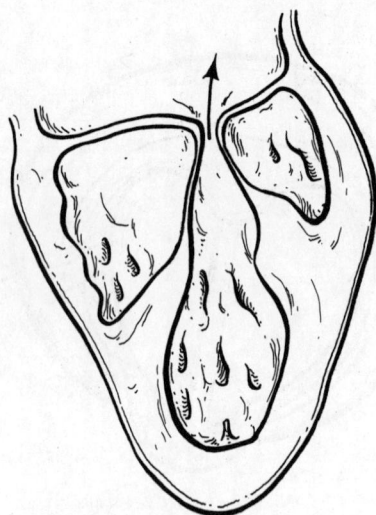

图 3-2-1

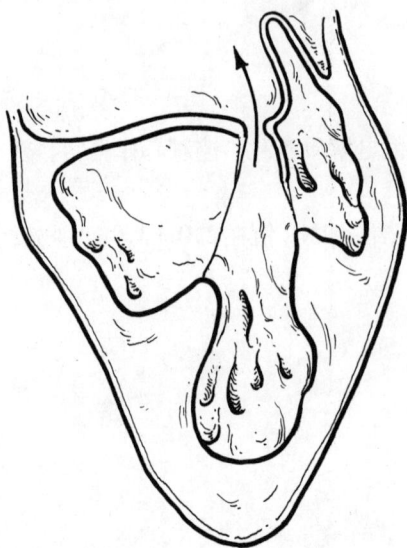

图 3-2-2

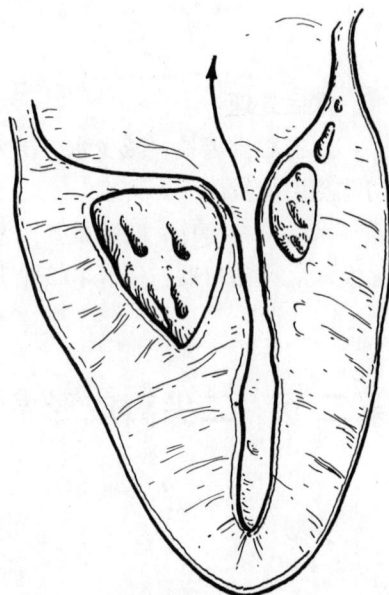

图 3-2-3

麻醉

气管插管全身麻醉。

体位及切口

仰卧位，肩胛间垫高。胸骨正中切口。

92

体外循环

按常规体外循环准备。

手术步骤

如果二尖瓣关闭不全是由于瓣膜穿孔引起，可行单纯穿孔修补术（图3-2-4）。决定行二尖瓣成形术前，需要详细探查二尖瓣病变情况。用两个神经拉钩分别拉起前后叶的相对部位检查瓣缘的对合情况（图3-2-5）。正常对合长度为5~10mm，前后叶应对合在同一高度。在心脏松弛状态下，对合线可略超过瓣环水平（图3-2-6）。如果检查发现瓣缘对合长度超过正常（图3-2-7）或有一侧明显超过正常对合高度（图3-2-8），说明该处存在脱垂。前外侧交界很少出现脱垂，可以作为参考点。利用注水试验也可进一

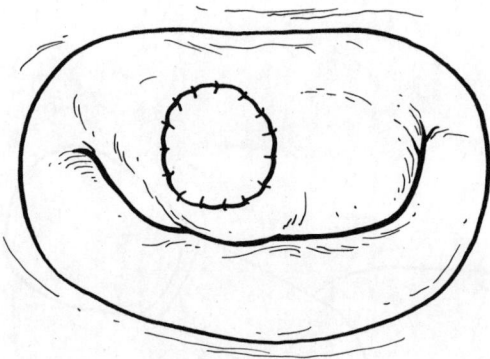

图 3-2-4

图 3-2-5

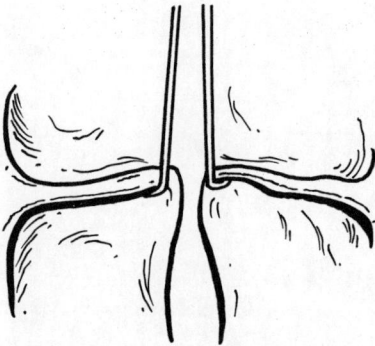

图 3-2-6

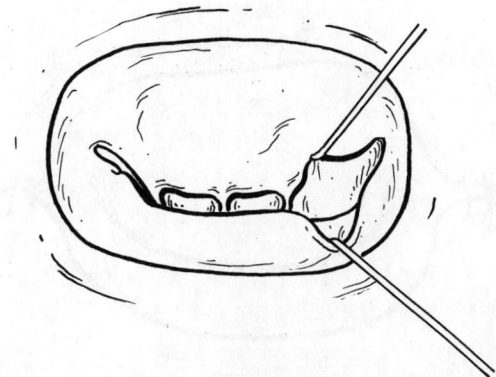

图 3-2-7

步明确瓣叶脱垂的位置及程度（图3-2-9）。

交界折叠缝缩术：根据返流部位折叠一个或两个交界，缩小后瓣环并将后叶拉向前方。缝线要缝在瓣环上，并保留合适的前叶长度（图3-2-10）。

瓣环环缩术：可用人工瓣环环缩扩张的二尖瓣瓣环。植入前要精确测定人工瓣环的型号，将瓣环测量器的标志对准二尖瓣的纤维三角，然后充分展开二尖瓣前叶后确定型号（图3-2-11）。因为前瓣环不扩张，主要是处理后瓣环，一般要缝15个左右褥式缝合线（图3-2-12），环上的针距要比人工环的针距宽（图3-2-13），落下成形环后打结。目前常用的为半环，能减少缝合操作及损伤主动脉瓣和传导束的机会（图3-2-14）。如果使用全环形成形环，前瓣环上的缝线针距要与成形环的针距相同，否则会扭曲二尖瓣

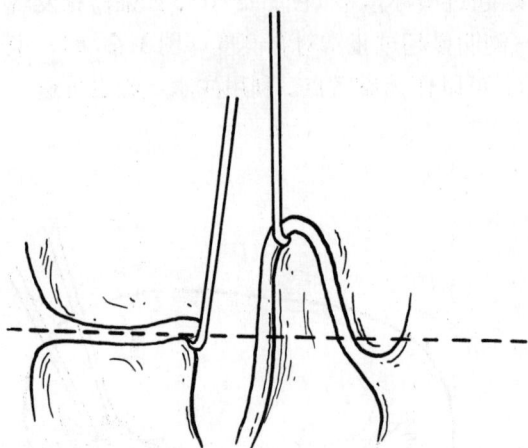

图 3-2-8

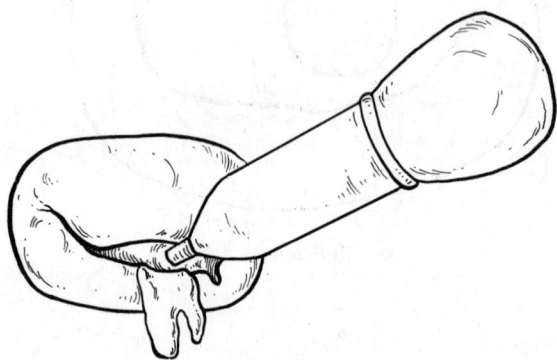

图 3-2-9

图 3-2-10

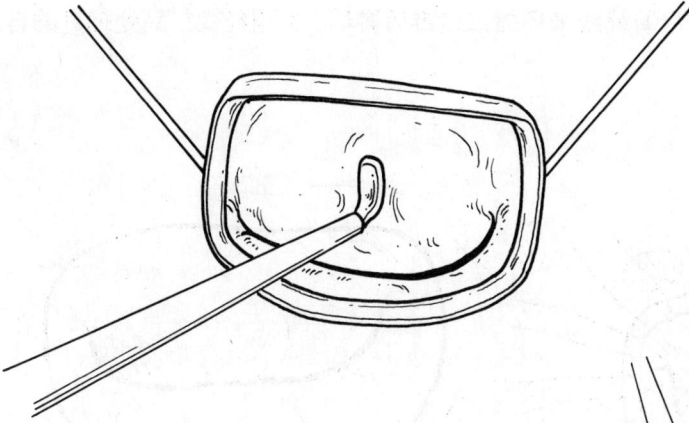

图 3-2-11

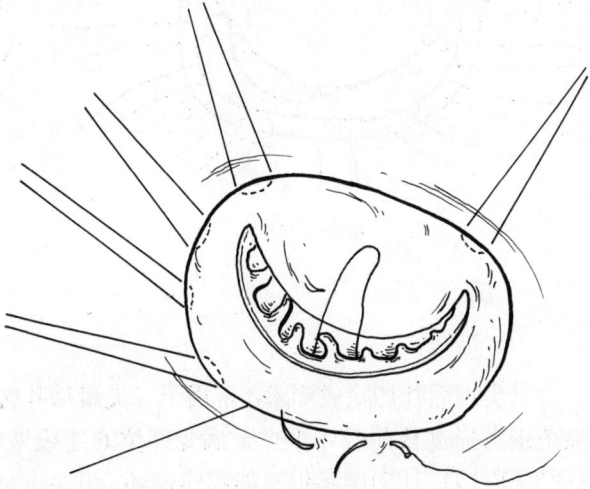

图 3-2-12

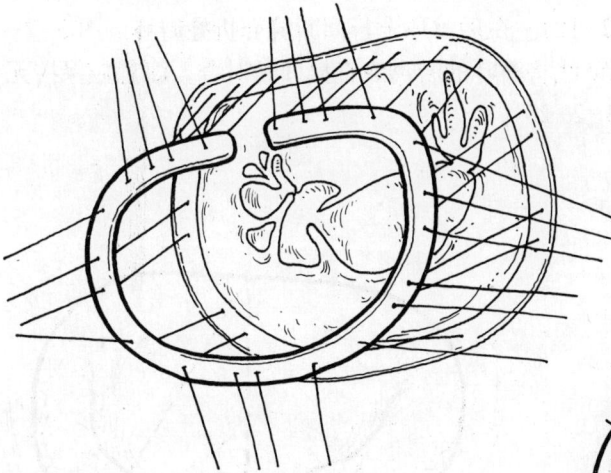

图 3-2-13

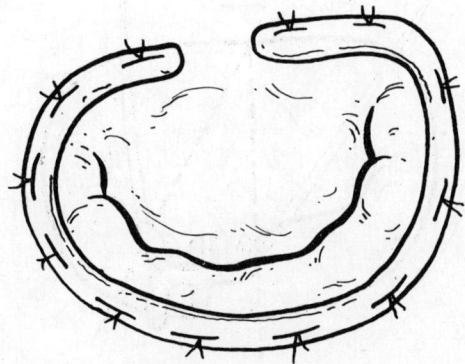

图 3-2-14

95

前叶（图3-2-15）。也可用PTFE缝线来环缩二尖瓣后瓣环，并用经戊二醛处理过的自体心包条加固（图3-2-16）。

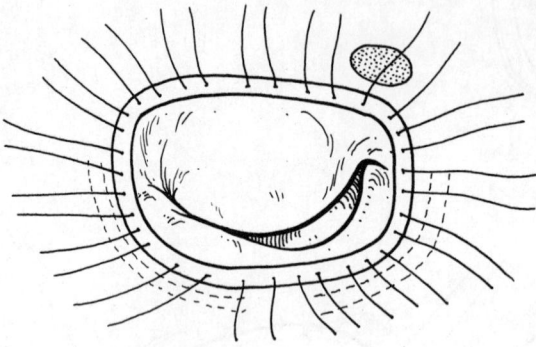

图3-2-15

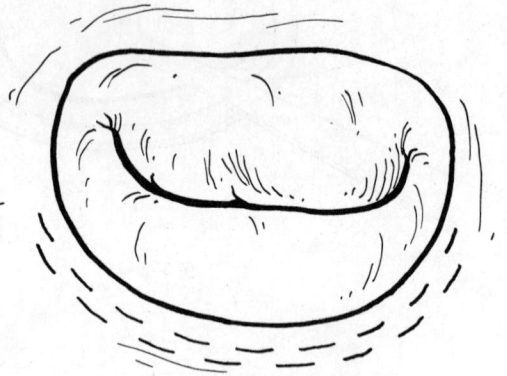

图3-2-16

二尖瓣后叶切除成形术：常用于二尖瓣后叶腱索断裂导致的瓣叶脱垂。脱垂瓣叶切除范围可通过从前瓣环中点至病变部位的连线来确定，切除范围应略小于划定的范围（图3-2-17）。切向瓣环但不能损伤瓣环，切除线要垂直于瓣环，在靠近瓣环处要留2mm的瓣叶组织，以防损伤瓣环（图3-2-18）。在后瓣环上行间断缝合折叠瓣环（图3-2-19）。用4-0 Prolene或5-0 Prolene线将瓣叶的游离缘直接间断对合，注意应保持无张力状态。最后行瓣环成形术（图3-2-20）。

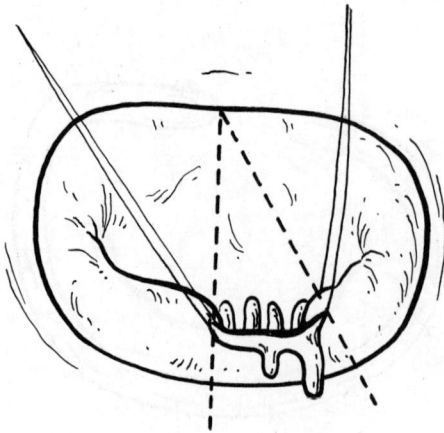

图3-2-17

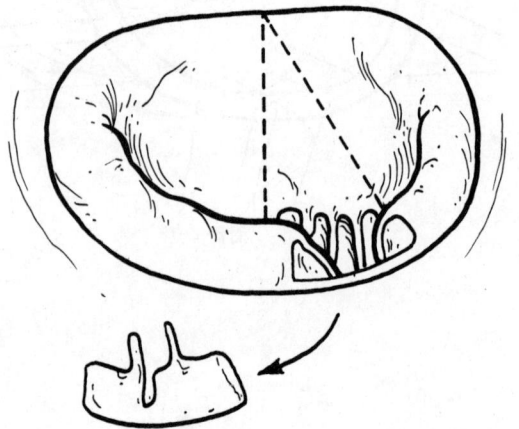

图3-2-18

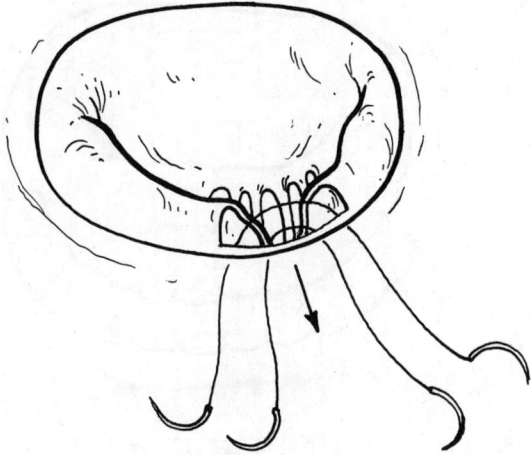

图 3-2-19

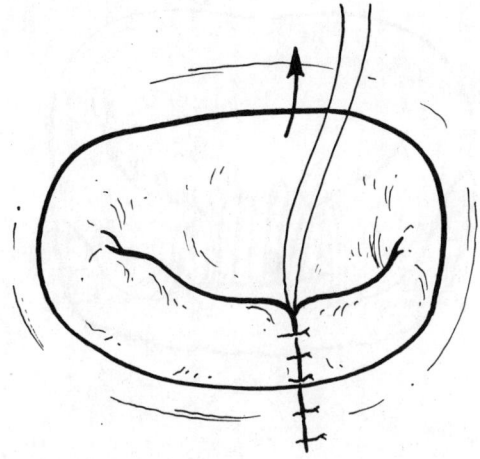

图 3-2-20

重度瓣环钙化的处理：严重钙化常见于后瓣环，如不处理，修补或换瓣将无法进行（图3-2-21）。将后瓣叶从钙化的瓣环切下，然后用尖刀将钙化完整剔除，注意不要破坏心房与心室的连续性（图3-2-22）。经戊二醛处理过的自体心包条缝合到增厚的左心房壁及左心室的心内膜上（图3-2-23）。最后将瓣叶重新缝合在重建的"瓣环"上（图3-2-24）。

Sliding技术：如后瓣叶部分切除后位置仍较高，可能引发术后收缩期二尖瓣前叶前向运动征(Systoli canterior motion, SAM)时，则需要行Sliding瓣膜成形术。切除后瓣叶脱垂部分，然后沿后瓣环向两侧剪下后叶

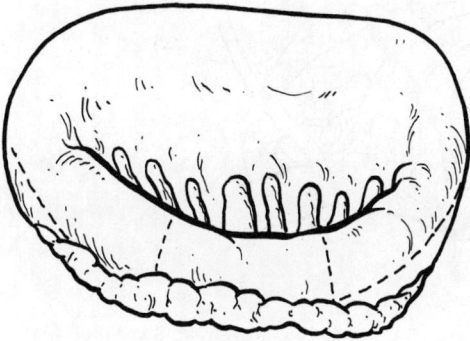

图 3-2-21

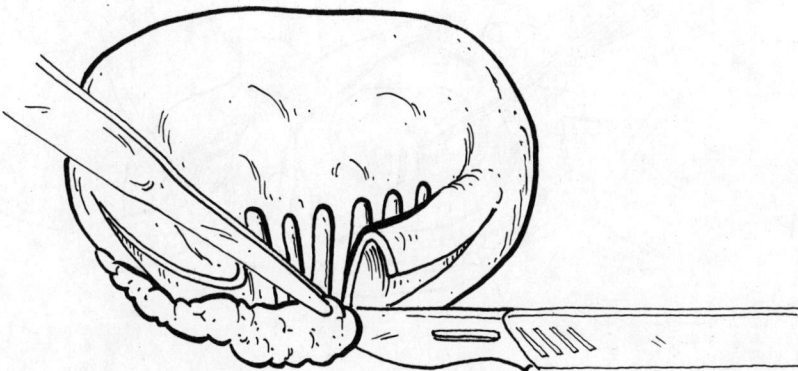

图 3-2-22

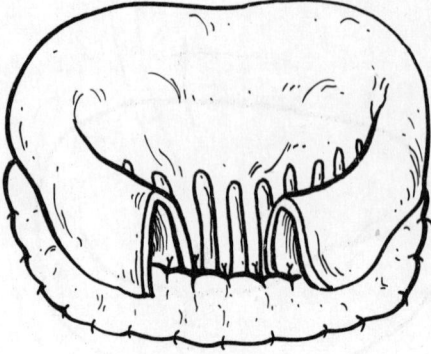
图 3-2-23

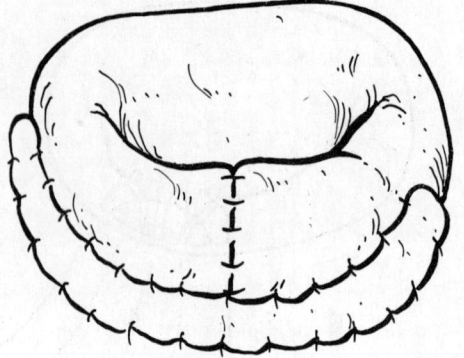
图 3-2-24

1~2cm（图3-2-25）。在后瓣环上行数针间断缝合，结扎缝线来环缩瓣环（图3-2-26），切开的后瓣叶则靠在一起，用间断缝合法将其对合缝合（图3-2-27），最后将瓣叶缝回

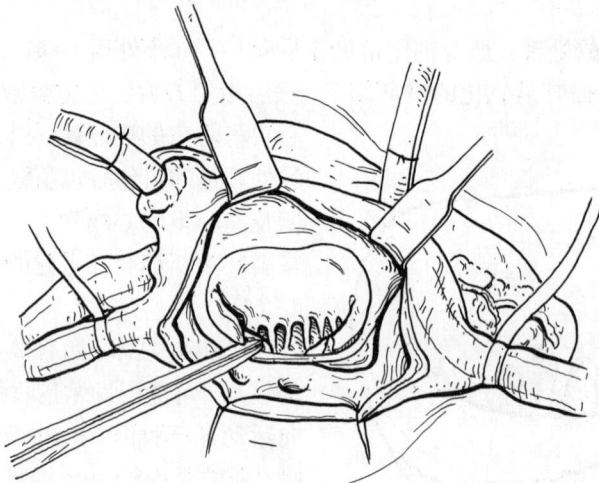
图 3-2-25

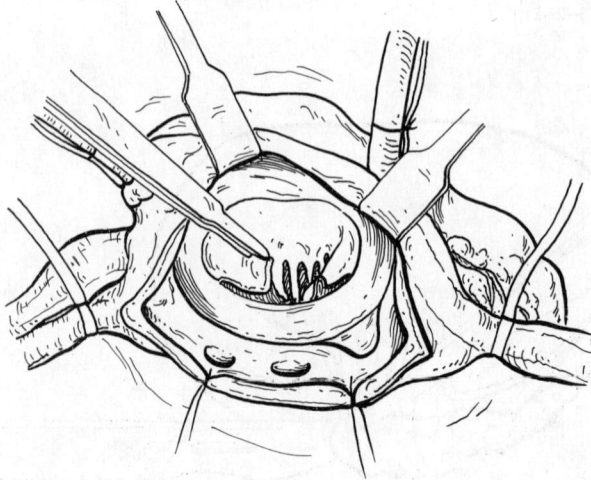
图 3-2-26

98

至后瓣环上。瓣环折叠缝合会加固后瓣环，可不必再行人工瓣环成形，但有人主张用人工瓣环成形加固（图 3-2-28）。

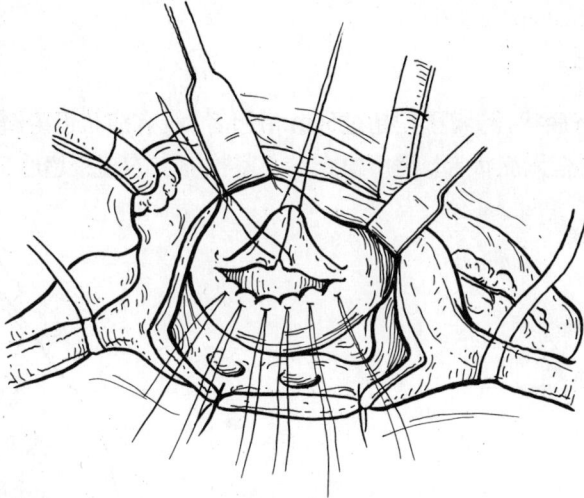

图 3-2-27

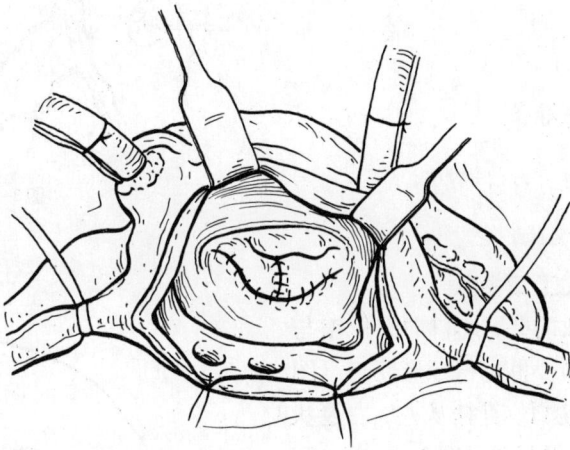

图 3-2-28

术中要点

测量瓣环时，要充分展开二尖瓣前瓣，测瓣器必须与前瓣的表面积和纤维三角之间的距离相一致。缝线一定要穿过瓣环，瓣环上的针距（后瓣部分）要大于成形环的距离来缩小后瓣部分。

术后处理

除不需抗凝外，其他同"二尖瓣置换术"。

第三节　主动脉瓣置换术

适应证

主动脉瓣狭窄有症状，跨瓣压差超过50mmHg者。没有症状但跨瓣压差超过75mmHg者。主动脉瓣关闭不全无症状者，超声检查左心室收缩末的直径超过55mm者，一旦确诊应尽快手术。

麻醉

气管插管全身麻醉。

体位及切口

仰卧位，肩胛间垫高。胸骨正中切口。

体外循环

按常规体外循环准备。

手术步骤

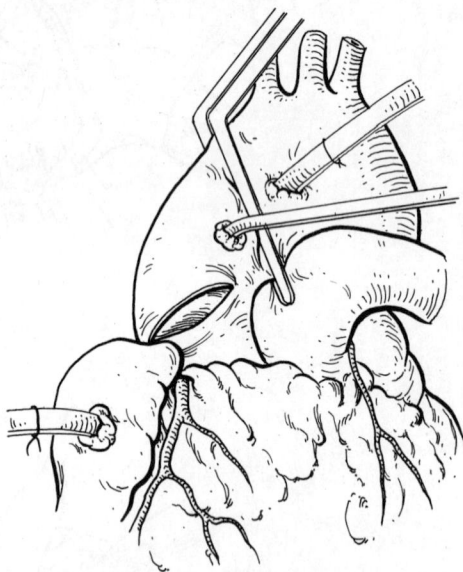

图 3-3-1

1.瓣膜切除及人工瓣植入

斜行切开主动脉前壁，切口向无冠瓣与左冠瓣交界方向延伸，也可行S形切口（图3-3-1）。经主动脉切口，直接从左、右冠状动脉开口，灌注心肌保护液（图3-3-2）。切除主动脉瓣叶时，在瓣根处需留2~3mm的瓣叶组织，以防损伤主动脉瓣环（图3-3-3）。测量瓣环的大小后，选择合适的人工瓣膜［术前应该根据患者的身高、体重确定可耐受的最小人工瓣膜，防止术后出现患者人工瓣膜的不匹配（patient-prosthetic mismatch，PPM）］（图3-3-4）。沿着残留瓣叶根部组织在冠状动脉开口以下，用带垫

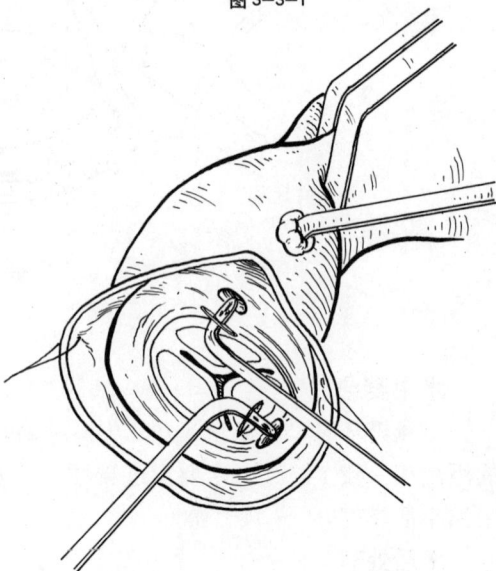

图 3-3-2

100

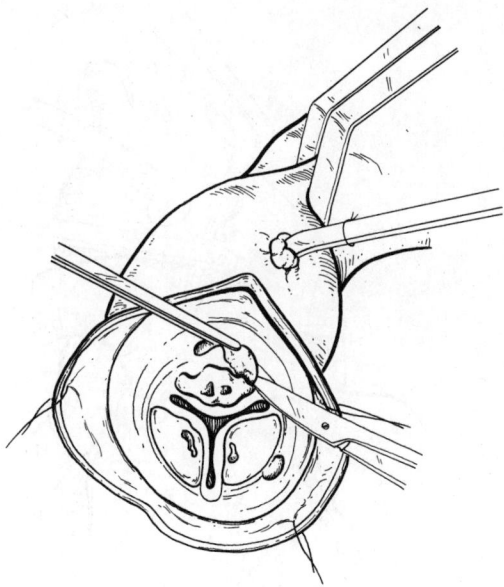

图 3-3-3

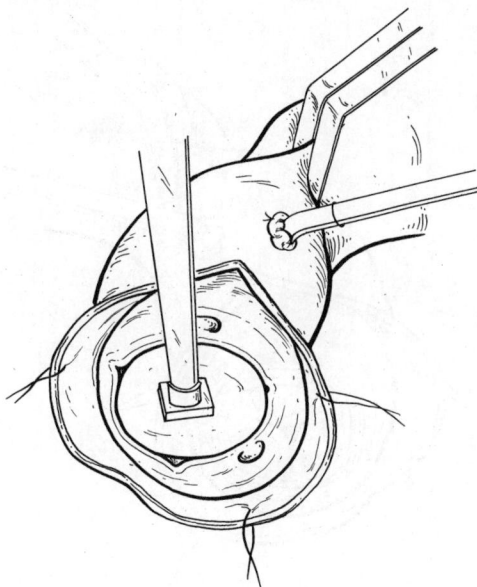

图 3-3-4

片双头缝线，作间断外翻褥式缝合，针距为 2~3mm，使每个褥式缝线尽可能在同一水平。尤其在三个交连部位，以方便落入人工瓣膜。在右冠瓣及无冠瓣的交界下有传导束走行，避免进针过深损伤传导束（图 3-3-5）。将缝线缝过人工瓣缝合环，在中部出针，以免剪线后线头阻碍瓣叶活动（图 3-3-6）。落瓣后，拉紧每根缝线，在确认人工瓣完全落座后，开始结扎缝线。打结时要注意每个垫片均明确翻出（图 3-3-7）。两层连续缝合法关闭主动脉壁切口（图 3-3-8）。

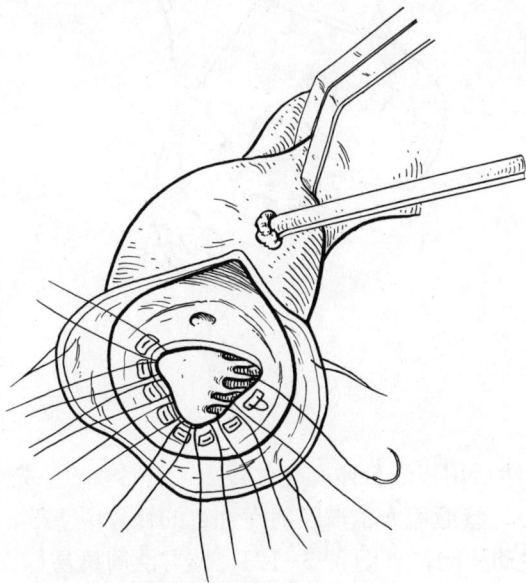

图 3-3-5

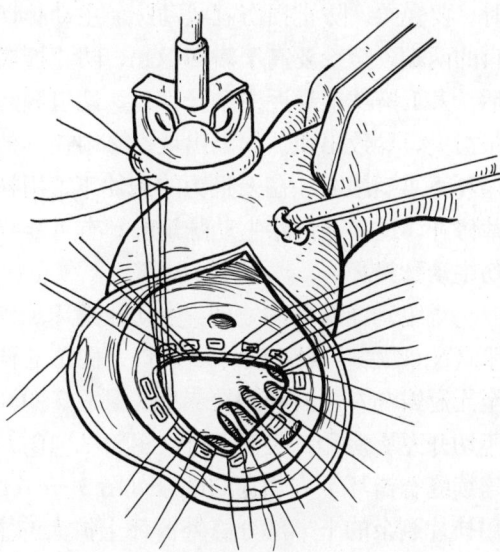

图 3-3-6

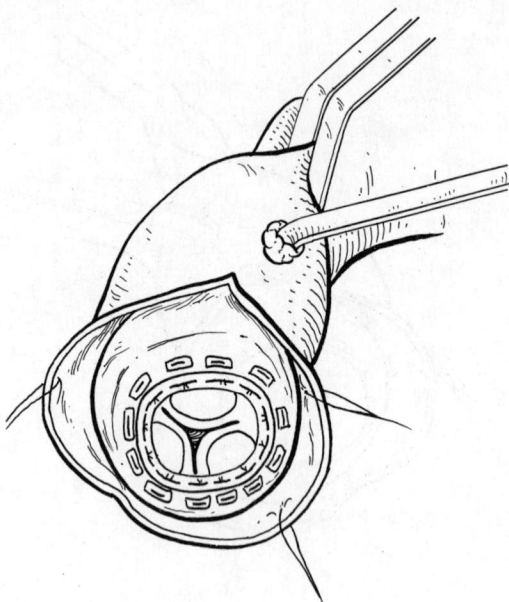

图 3-3-7

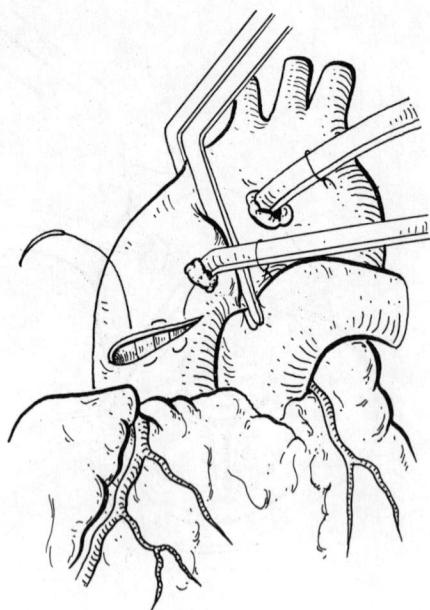

图 3-3-8

　　缝线方法：单针单线缝合法，异物少，适合主动脉瓣环小但牢固者；双头针加垫片间断褥式缝合法，缝合牢靠，为放入最大可能人工瓣膜，可将垫片放在左心室内。

术中要点

　　对于主动脉瓣关闭不全的病例，术中要防止左心室膨胀。经冠状动脉口直接灌注时，要轻柔，防止损伤冠状动脉。主动脉切口的两端，至少要高于瓣环1cm，防止换瓣后，人工瓣过度靠近主动脉切口，切口缝线张力大，导致出血。如果出现，必须在体外循环下重新阻断，在无张力的条件下，用补片修补。过多地切除主动脉瓣叶，有可能损伤主动脉瓣环。

　　小主动脉瓣环的处理：主动脉瓣环加宽术（Nick法）。经主动脉斜切口，向下延伸至无冠瓣与左冠瓣环的交界处（图3-3-9），

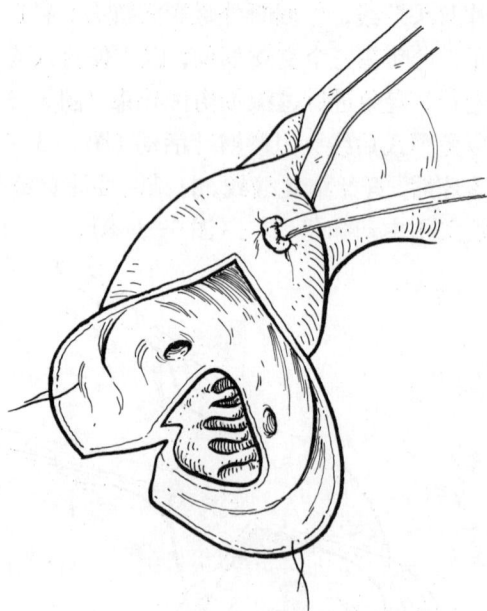

图 3-3-9

不切开左心房和二尖瓣前叶（图3-3-10）。然后用梭形自体心包片或人工补片加宽。先连续缝合瓣环下方加宽的部分（图3-3-11），然后把人工瓣膜缝在加宽的补片中下部，用补片剩余的上半部分修补瓣环上扩大的主动脉切口（图3-3-12），该方法简单易行，可扩大瓣环2~4mm。

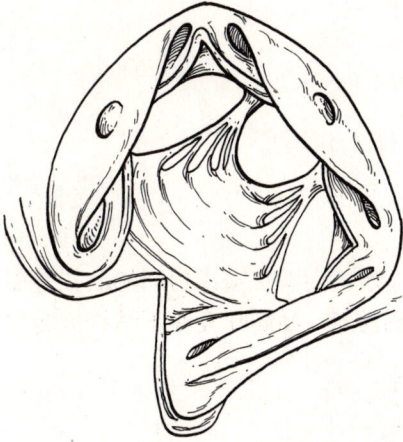

图 3-3-10

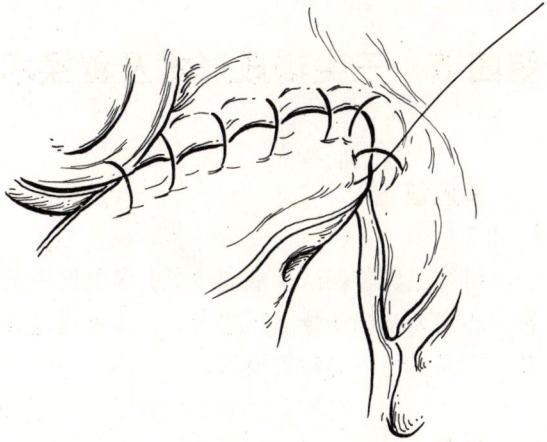

图 3-3-11

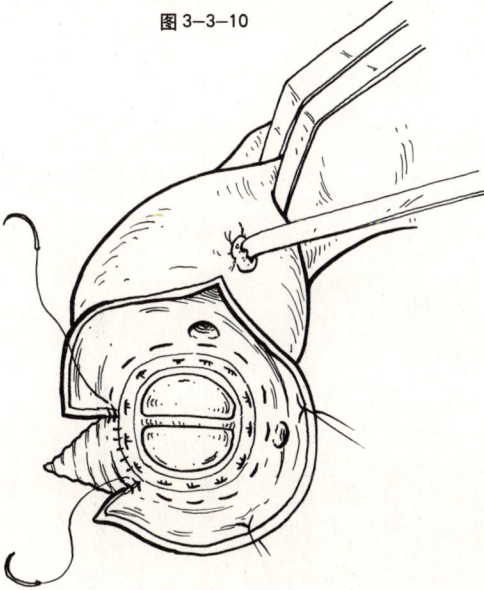

图 3-3-12

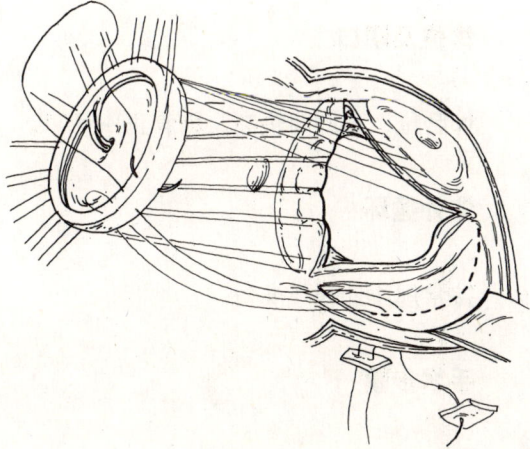

图 3-3-13

2.人工瓣膜倾斜技术

将植入瓣膜的平面倾斜 5°～10°，一般可植入一个更大的瓣膜。从无冠状窦的任一端开始，将双头针从主动脉壁外侧进针，也可先缝在人工瓣环上，再由内向外穿过主动脉壁，成弓形向上至瓣环最低点上 5～8mm（图 3-3-13）。

术中要点

主动脉切口的位置要比通常切口高，要高于无冠状窦瓣环 1.5～2.0cm。最好使用双叶瓣。瓣膜倾斜的角度和瓣叶开放后的角度总和不能超过 80°，否则瓣膜无法关闭，倾斜碟瓣的开口方向，大开口应朝向无冠状窦，而双叶瓣以瓣叶自由开放即可。

术后处理

呼吸机辅助呼吸，维持血气及水电解质平衡，调整心率及血压。常规给予多巴胺等正性肌力药物，同时给予血管扩张药物。抗凝治疗见"二尖瓣置换术"。

第四节　三尖瓣成形术及置换术

适应证

单纯三尖瓣获得性病变少见，多继发于其他病变，如二尖瓣狭窄或房间隔缺损等引起右心增大及肺动脉高压患者，大多可通过成形术得到缓解。如瓣叶及瓣下结构病变重者，可考虑行三尖瓣置换术。

麻醉

气管插管全身麻醉。

体位及切口

仰卧位，肩胛间垫高。胸骨正中切口。

体外循环

按常规体外循环准备。

手术步骤

1.三尖瓣成形术

右心室扩张后，三尖瓣瓣环主要在前瓣环和后瓣环明显扩大，这是发生功能性关闭不全的主要原因，而隔瓣因为瓣环相对固定，扩张程度较轻。三尖瓣成形时主要缝缩前瓣与后瓣的附着处瓣环。二叶瓣化成形术（Kay氏法）可从前、后瓣交界的前瓣侧进针，从隔后瓣交界的隔瓣侧出针（图3-4-1），结扎缝线即可闭合后瓣（图3-4-2）。Devaga成形术采用带垫片的缝合线，从前、隔瓣交界开始，两根平行缝线，顺时

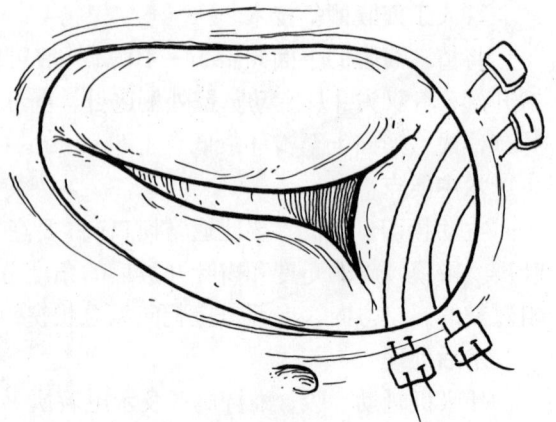

图3-4-1

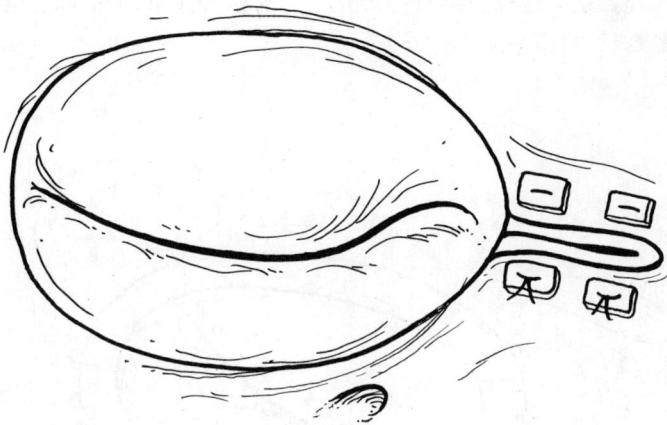

图 3-4-2

针向前绕瓣环，缝至后隔叶交界处（图 3-4-3），在三尖瓣口放入测瓣器确定合适口径后，拉紧两根缝线后打结，瓣环即折叠缩小。成形后瓣口应可通过 28~32 号探子（图 3-4-4）。该技术有多种改良方法，可用戊二醛处理过的自体心包条加固缝合，三尖瓣瓣环上的针距要大于心包条上的针距，缝线一定要缝在三尖瓣瓣环上，否则缝线容易撕脱（图 3-4-5）。另一种方法也可采用第一针为平行瓣环的缝合，第二针采用在心房面斜行进针

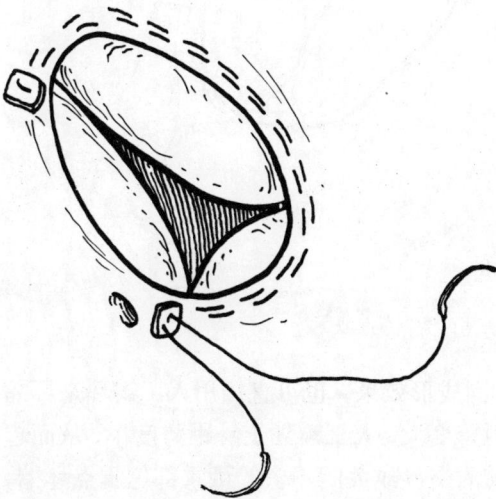

图 3-4-3

图 3-4-4

后再缝入心包条的缝合法，这样在结扎缝线后，不易松开（图3-4-6）。也可采用分段缝合法来环缩三尖瓣瓣环（图3-4-7）。

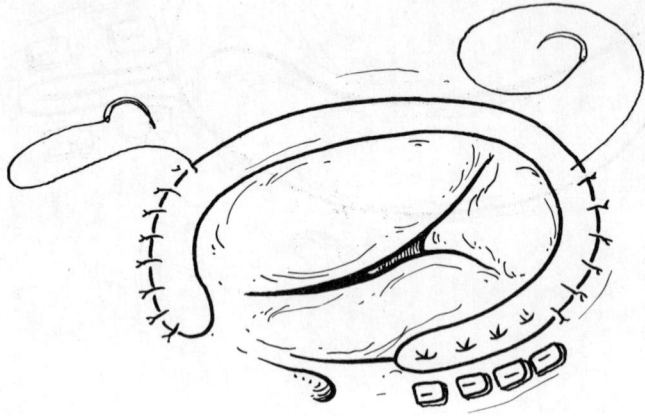

图 3-4-5

图 3-4-6

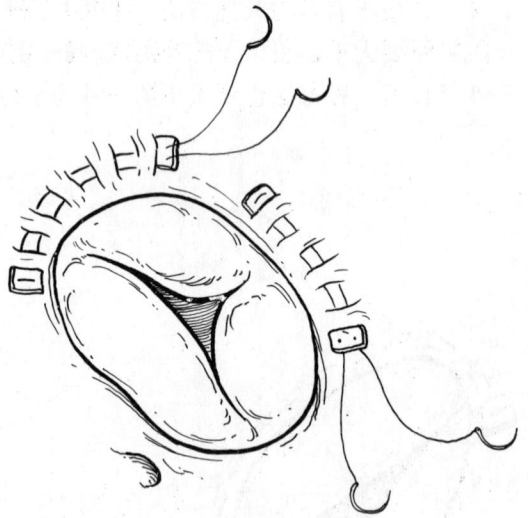

图 3-4-7

2.人工瓣环成形术

成形完成后，再加人工瓣环加固，更能加固成形效果。也可直接用人工瓣环来环缩扩张的瓣环（图3-4-8），即三尖瓣瓣环上针距跨度大，人工瓣环上针距跨度小，从而起到环缩作用。可以全周均匀环缩，也可以在前后交界或关闭不全的最重部位重点环缩，可以采用加垫片褥式缝合法，也可采用连续缝合法（图3-4-9）。

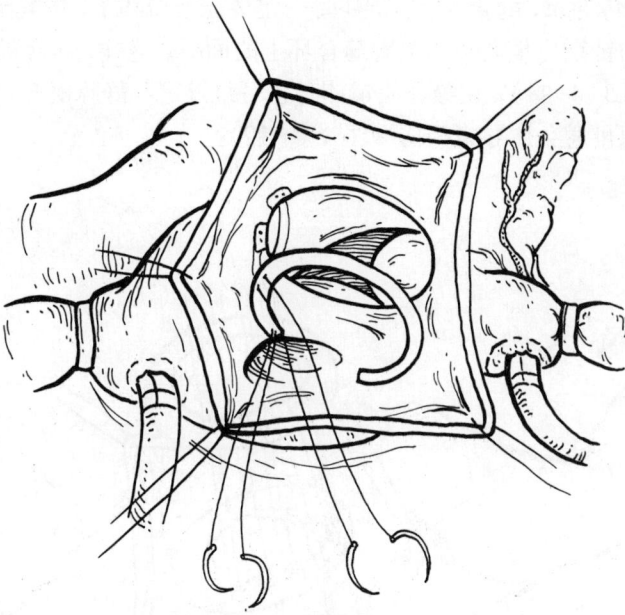

图 3-4-8

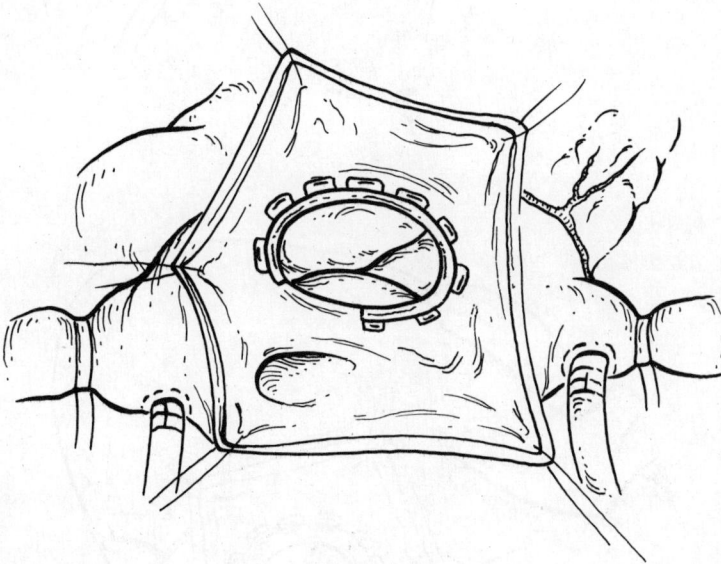

图 3-4-9

3. 三尖瓣置换术

保留隔瓣叶，切除前、后叶及所有腱索（如果使用生物瓣膜，可保留所有结构）。用双头针缝线行间断褥式缝合（图 3-4-10）。从隔瓣侧开始，从心房面进针，紧靠隔瓣根部浅缝，注意保护传导束，缝合前、后瓣环时一定要缝在瓣环上，再缝至人造瓣膜环。缝合时三尖瓣瓣环的针距应稍大于人工瓣缝合环上的间距。这样，可环缩三尖瓣瓣环，且人工瓣膜牢靠（图3-4-11）。在缝合隔瓣侧时也可绕过冠状静脉窦开口，直至前隔瓣交界处，此手术方法可避免传导束损伤（图3-4-12）。

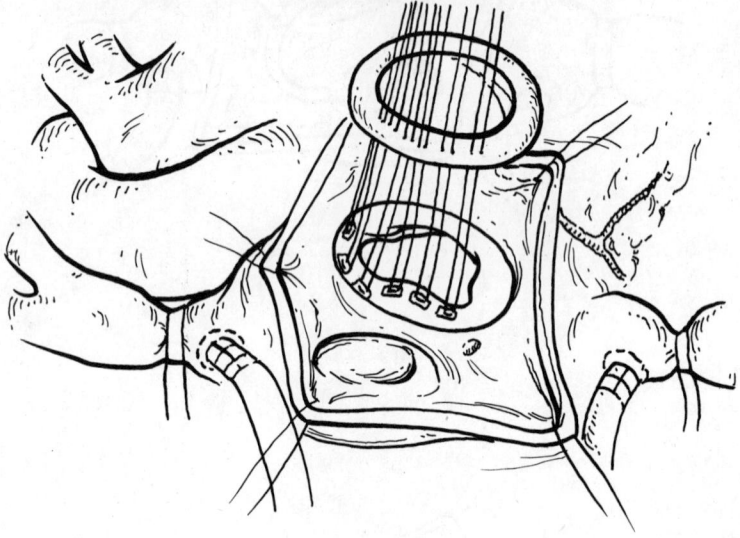

图 3-4-10

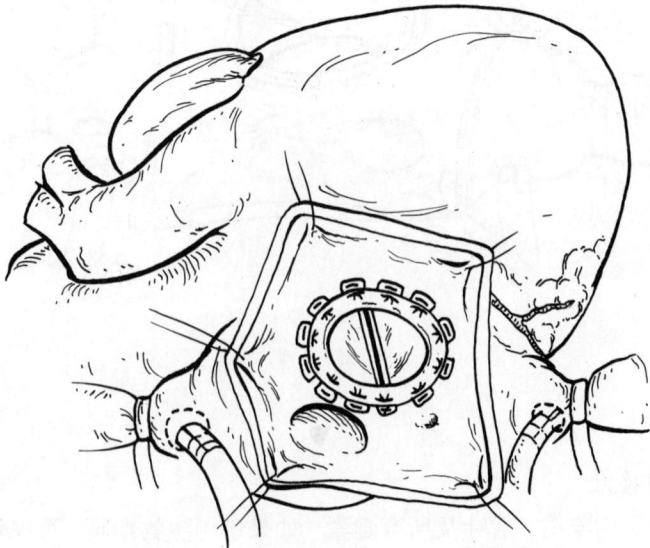

图 3-4-11

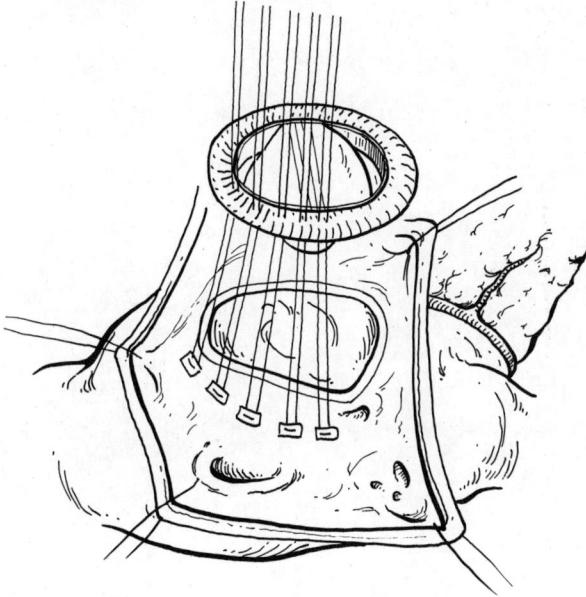

图 3-4-12

术中要点

尽量采用成形术，缝线一定要缝在三尖瓣瓣环上，否则术后易撕脱。防止成形过度产生狭窄，防止损伤传导束，行瓣膜置换时，应使用中心血流瓣膜或生物瓣膜，减少术后血栓并发症的发生。

术后处理

同一般瓣膜置换手术。因为三尖瓣位处于低压系统，术后的抗凝程度要确实。

第**4**章　冠状动脉粥样硬化性心脏病(冠心病)手术

第一节 桥血管的选择与获取

1.桥血管选择

应至少选择一侧内乳动脉。1型糖尿病患者应避免使用双侧乳内动脉。使用桡动脉配合药物治疗，近、远期效果良好。胃网膜动脉、腹壁下动脉由于取材不便，仅少数人使用。大隐静脉由于取材方便，仍在广泛使用。

2.乳内动脉获取

用乳内动脉牵开器撑开胸骨，向左侧倾斜手术台，用电刀在乳内动脉两侧1cm处切开胸壁筋膜（图4-1-1）。从中段开始向两侧切开，然后用电刀头将乳内动脉从胸壁剥

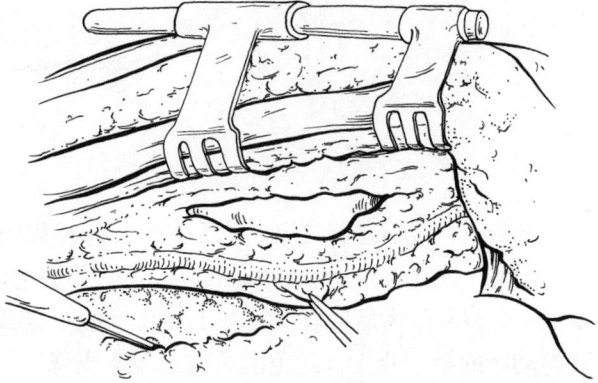

图4-1-1

离下来，用钛夹钳夹分支。上到乳内起始部，下达血管分叉处。分离乳内动脉时，要保留伴随的静脉及胸壁筋膜，形成血管蒂（图4-1-2）。将乳内动脉血管蒂取下后，首先修剪远端，一般游离出1cm左右（图4-1-3），将血管断端修剪成喇叭状，至少为血管直径的2倍（图4-1-4）。修剪过程中要注意不要钳夹乳内动脉。也可将血管蒂间断游离，可略增加使用长度（图4-1-5）。

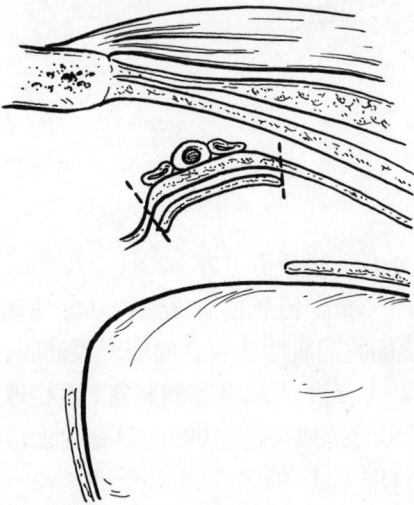

图4-1-2

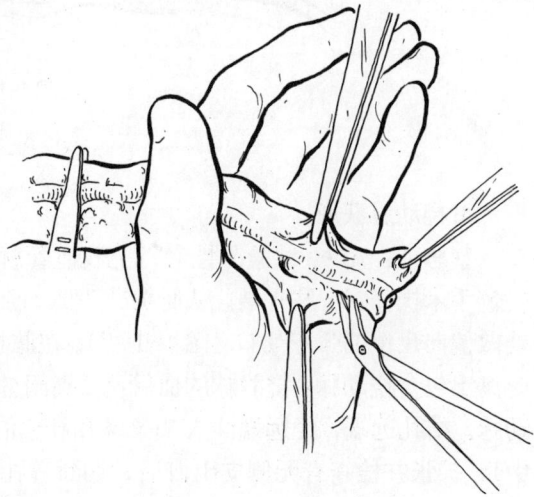

图4-1-3

113

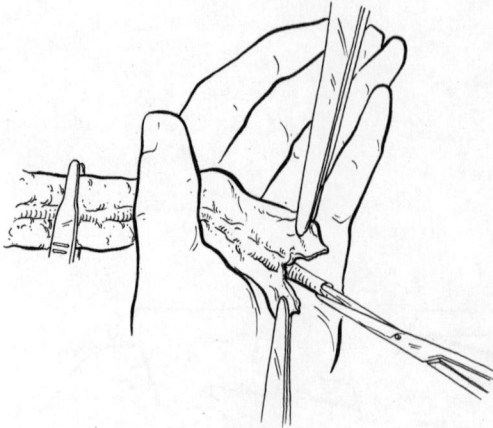

图 4-1-4 图 4-1-5

单纯乳内动脉游离方法：不含乳内静脉及周围肌肉筋膜组织，而将乳内动脉单独游离获取的方法（skeletonized IMA）。该方法可增加使用长度约2cm，又可保护胸骨的侧支循环，有利于术后愈合（图4-1-6）。缺点：游离困难，费时，技术要求高。必须切断乳内动脉的第一分支，避免术后盗血现象出现。

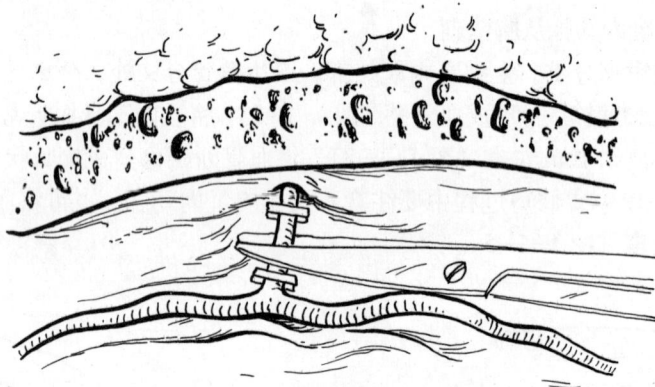

图 4-1-6

3. 桡动脉获取

禁忌证：Allen试验阳性者。上肢血管解剖异常及有上肢外伤史者。

手术操作：上肢外展，从肘关节下2cm到腕关节上2cm，沿肱桡肌缘与桡动脉搏动处做偏向尺侧的弧形切口（图4-1-7）。在肱桡肌和桡侧腕屈肌的肌腹之间切开深筋膜，分离出包含桡动脉、桡静脉的血管蒂，夹闭分支（图4-1-8）。上端游离到肘窝，至桡返动脉。结扎远端，经远端注入罂粟碱和肝素混合液（40mg罂粟碱加100mL肝素化血液中），扩张并检查有无侧支出血后，切断缝扎近心端（图4-1-9）。

要点：处理靠近桡动脉的分支时，不可使用电刀。

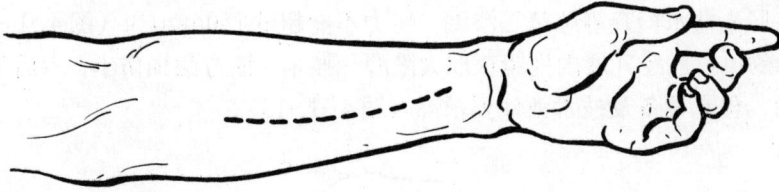

图4-1-7

图4-1-8

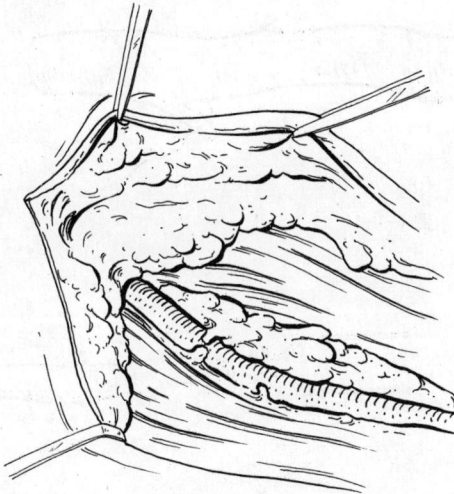

图4-1-9

4.大隐静脉的获取

于内踝上方约1cm纵行切开皮肤，游离大隐静脉远端。以此为开端，采用全层切开或分段跳跃式切口以利愈合（图4-1-10）。延长切口至所需静脉的长度，分离静脉表面及两侧的纤维组织，尽量避免直接接触静脉，游离并结扎分支，结扎不可过分靠近静脉主干，以免造成狭窄；也不可过远，否则易致血栓（图4-1-11）。经远端送入的卵圆形针头，注入肝素盐水检查静脉是否渗漏，压力不能超过150mmHg（图4-1-12）。近年来，有条件的单位已经开展内视镜获取大隐静脉技术，该方法损伤小，术后下肢并发症少，恢复快，但是设备及技术条件要求高（图4-1-13）。

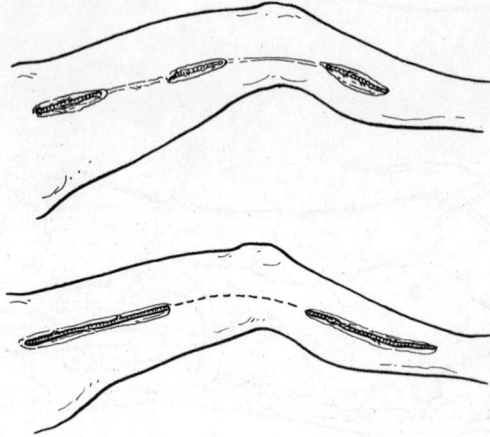

图4-1-10

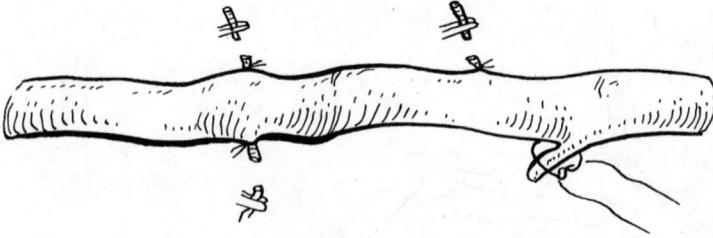

图4-1-11

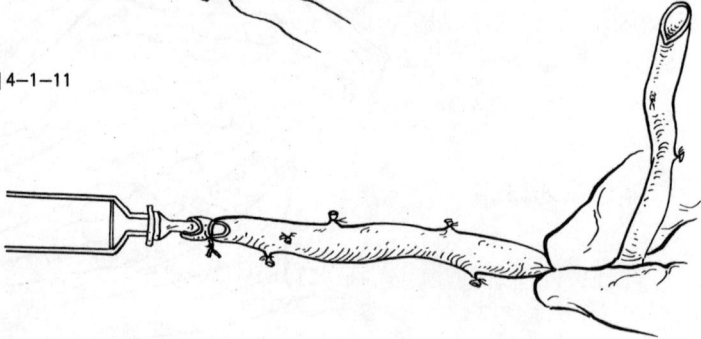

图4-1-12

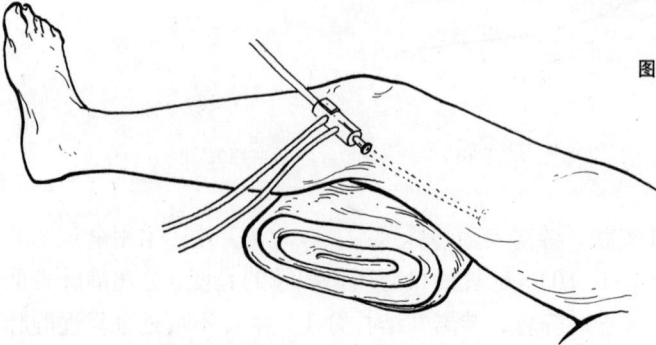

图4-1-13

第二节　体外循环下冠状动脉搭桥术

适应证

左主干病变或有严重三支病变的患者。介入治疗失败或术后发生再狭窄的患者。陈旧性大面积心肌梗死又无心绞痛症状的患者,如有较多的存活心肌的患者,不稳定型或变异型心绞痛,冠状动脉三支病变明确,伴心电图缺血改变或心肌酶学变化者,应急诊手术。

禁忌证

冠状动脉弥漫性病变,且以远端冠状动脉为主;陈旧性大面积心肌梗死,检查证实无存活心肌,心脏扩大显著,射血分数＜20%,右心衰竭或肝肾功能不全的患者。

术前准备

术前停用阿司匹林等,可继续用 β 受体阻滞剂。术前适当应用镇静药和冠状动脉扩张剂,预防心肌梗死或心肌缺血,加重 CT 头部扫描,颈动脉超声检查确认患者双下肢静脉情况。如使用桡动脉,需做 Allen 试验。

麻醉

气管插管全身麻醉。

体位及切口

仰卧位,肩胛间垫高。胸骨正中切口。

体外循环

按常规体外循环准备,可采用静脉腔房型插管。

手术步骤

1.远端吻合

用圆刀分开冠状动脉上方的心外膜 (图4-2-1),然后用冠状动脉切开刀切开前壁,勿损伤后壁，用精细剪刀扩大切口长度至少为其内径的2倍（图4-2-2），桥血管的边缘要略大于冠状动脉切口的边缘。将大隐静脉近端剪成对应斜形开口。用7-0 Prolene线连续外翻缝合。缝合一般从"足跟"开始，首先在"足跟"处缝合3~4针，然后将静脉血管落下（图4-2-3）。拉紧缝线，继续缝向"足尖"方向，然后两线汇合打结（图4-2-4）。吻合不便时也可分别用两端缝向"足尖"，最后汇合打结（图4-2-5）。在吻合右冠状动脉时可先从"足尖"开始，以利缝合。

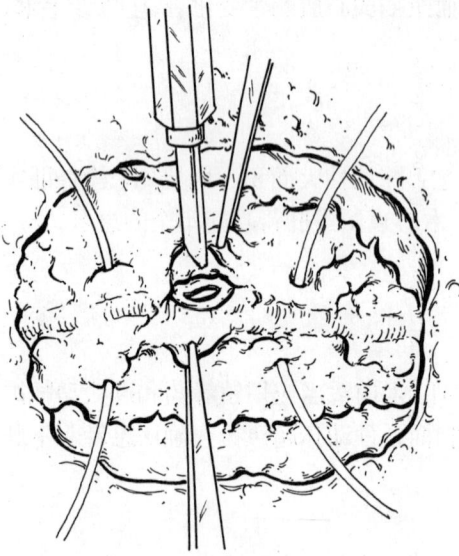

图4-2-1

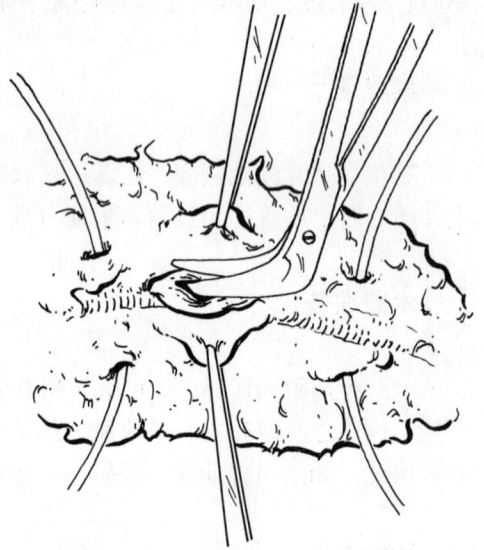

图4-2-2

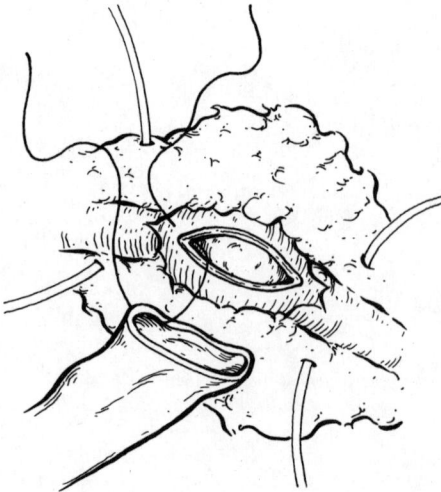

图4-2-3

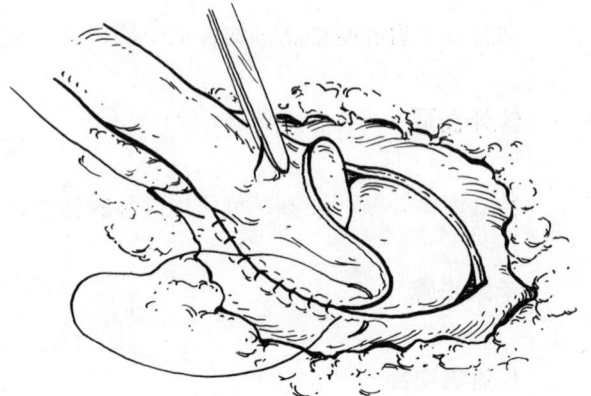

图4-2-4

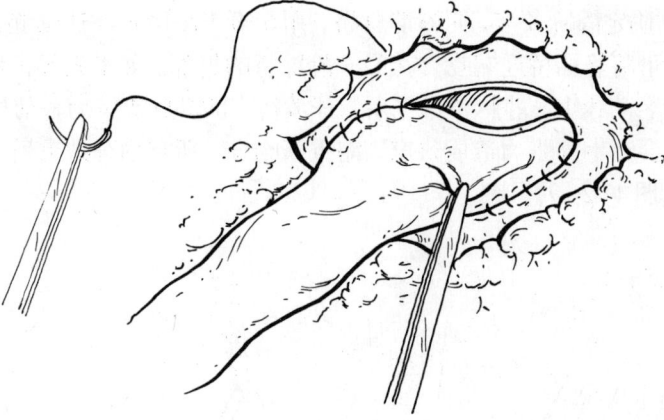

图 4-2-5

术中要点

冠状动脉切口偏离中心时，可向两端扩大切口加以纠正。在"足跟"和"足尖"处缝合不可过于稀疏，以免产生荷包线效应。打结前要行桥血管的排气并检查吻合口是否漏血，同时注意注水的压力情况，可间接反映吻合口的通畅程度，吻合时要设计好桥血管的长度及吻合口的角度。

2.近端吻合

可在心脏复跳后进行。选择近端吻合口的位置时，要注意主动脉有无钙化，可行超声检查。用主动脉侧壁钳钳夹部分动脉壁（图 4-2-6）。切除外膜，尖刀戳开，打孔器打

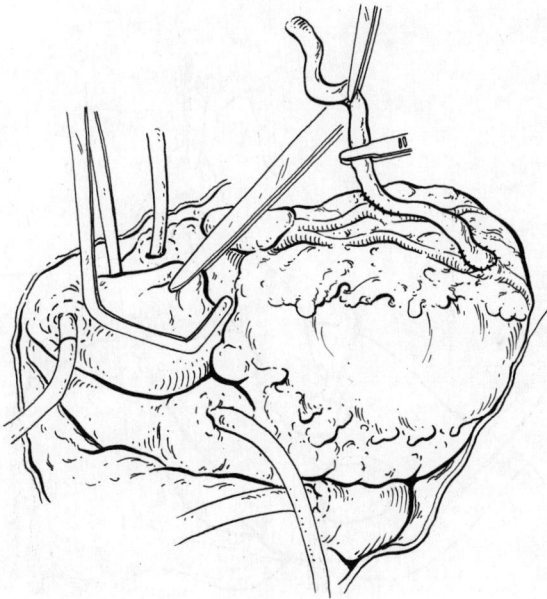

图 4-2-6

孔（图4-2-7）。确定静脉长度，阻断静脉桥，用6-0 Prolene线连续缝合（图4-2-8）。如主动脉钙化，可将静脉桥近端吻合在另一静脉桥的根部。如果根部钙化严重，无法吻合，可吻合在无名动脉上。静脉桥排气后，开放桥上的动脉夹。吻合前桥血管长度的设计很重要，过短会产生高张力造成狭窄，需重新吻合。所有吻合结束后，桥血管应该贴伏在心脏表面（图4-2-9）。

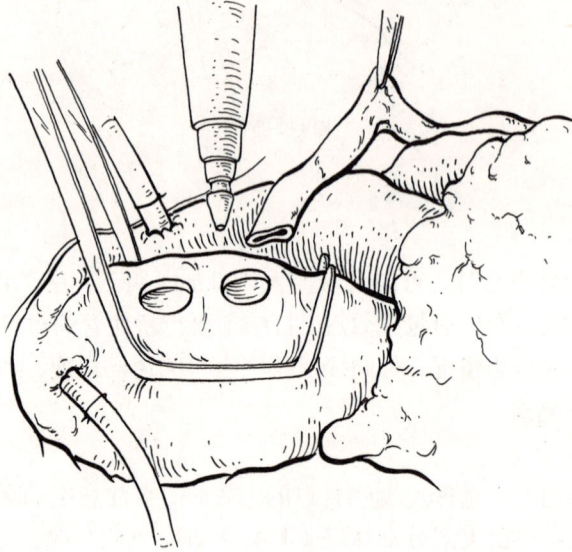

图 4-2-7

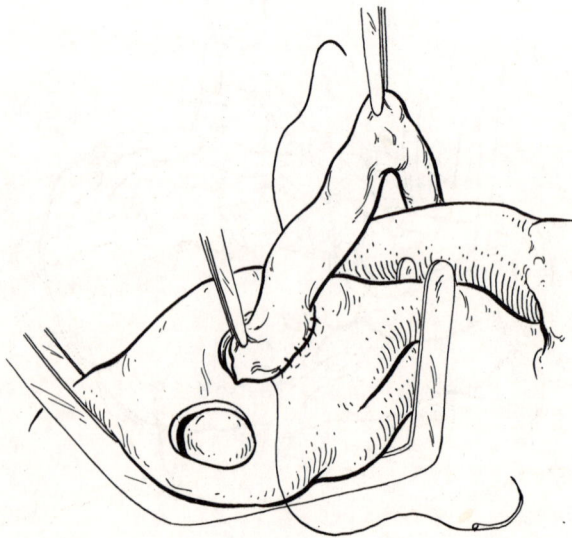

图 4-2-8

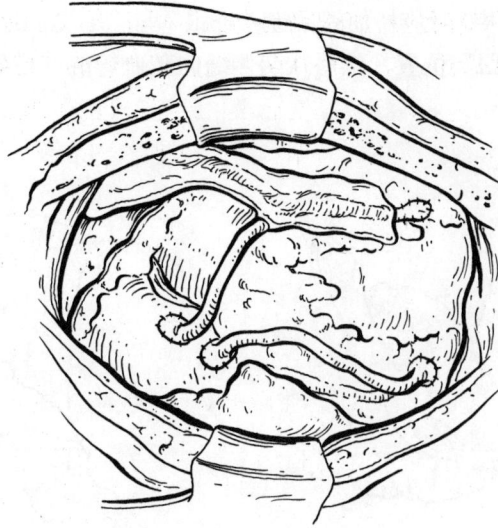

图 4-2-9

3. 序贯式吻合

用一支桥血管与两支以上冠状动脉吻合称为序贯式吻合。该方法需要的血管桥和吻合口少，手术时间短，操作简便。先行远端的吻合（方法见前述）（图 4-2-10），在行第二个吻合前要确定两吻合口及桥血管上切口的位置，防止过长扭曲（图 4-2-11）。吻合方式根据血管走行可用平行或菱形吻合法。平行吻合法：桥血管的走行与靶血管平行可采用该吻合法（图 4-2-12），吻合采用"足跟"对"足跟"的缝合，这样结扎缝线后，两吻合口平行相对（图 4-2-13）。菱形吻合法：桥血管的走行与靶血管交叉时需要用此

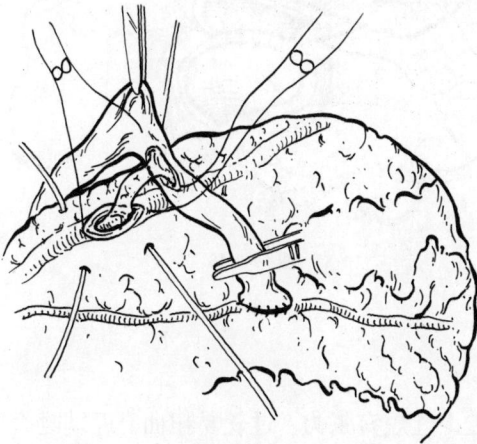

图 4-2-10

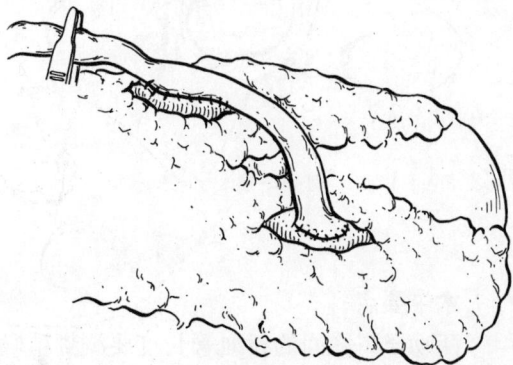

图 4-2-11

法，将靶血管的"足跟"对应桥血管后壁"足跟"与"足尖"的中间位置（图4-2-14），先缝合靶血管的"足跟"位置，然后从两侧缝向靶血管的"足尖"方向，最后汇合打结（图4-2-15）。

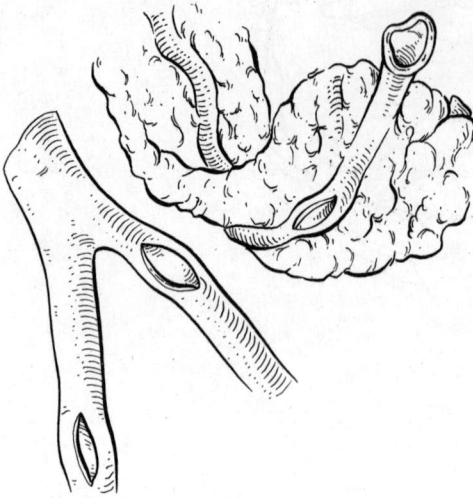

图 4-2-12

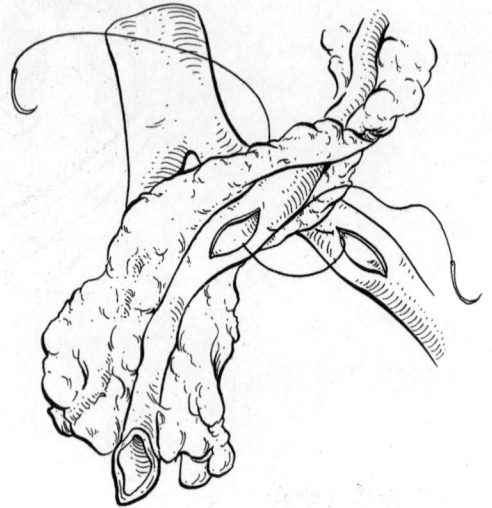

图 4-2-13

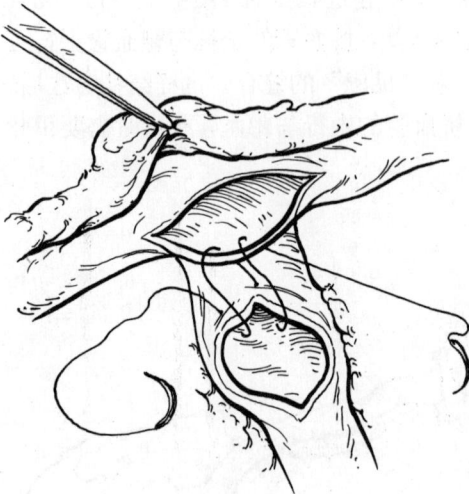

图 4-2-14

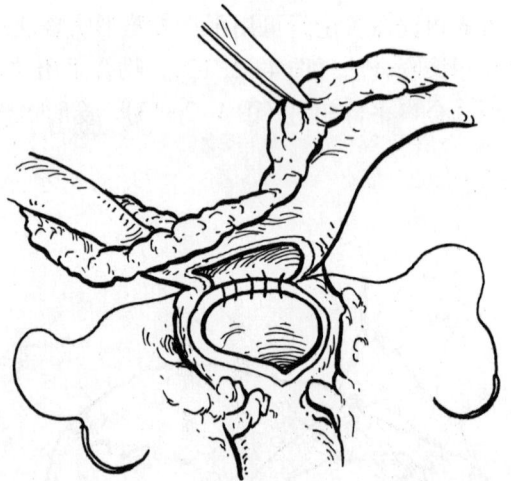

图 4-2-15

术中要点

两吻合口之间的桥血管长度要测量精确，防止过短有张力、过长易扭曲。近端吻合口要小于远端吻合口。缺点是主干一旦闭塞，会影响全部吻合口供血。

4.乳内动脉的吻合

一般均将左乳内动脉与前降支吻合，先游离前降支病变远端。 吻合可用 7 − 0 Prolene 线（缝合方法同前述"静脉桥吻合"），缝完最后一针，放开动脉夹，打结，检查是否出血。最后将血管蒂固定在心外膜上（图 4−2−16）。

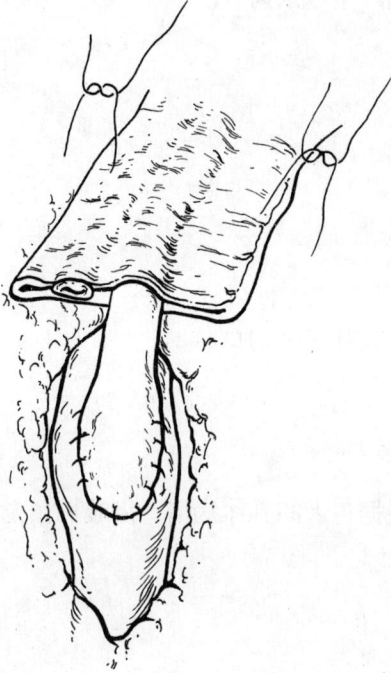

图 4−2−16

术后处理

应用呼吸机辅助呼吸，肺部物理治疗，防止发生肺不张和肺水肿。观察血压、脉搏和心率的变化，定期进行心电图检查。用血管活性药物维持血压在正常水平。如发生低心排血量综合征或心电图严重缺血改变，及时应用主动脉内球囊反搏治疗。注意血液酸碱性变化和钾、钠、氯的浓度，防治心律失常。术后应予充分镇静、镇痛治疗。出院后要长期服用抗血小板药物及血管扩张剂。

第三节　心脏不停跳冠状动脉搭桥术（OFFCAB）

适应证

与外科医生的经验有很大关系。单纯冠状动脉患者均可以接受该手术。尤其适合于高龄、心功能低下、肝肾功能不全、脑卒中等体外循环的高危患者。

123

禁忌证

弥漫性病变且血管直径＜1.5mm者。巨大左心室合并肺动脉高压者。术中循环状态不稳定者。心脏显著扩大、心律失常、血管腔小、管壁硬化严重或同时要做其他心脏手术的患者，以不做非体外循环下手术为宜。

麻醉

气管插管全身麻醉。

体位及切口

仰卧位，肩胛间垫高。胸骨正中切口。

体外循环

体外循环设备待机，根据患者的具体病情，可装机预充待机或物品准备到位待机。

手术步骤

1.心脏显露固定方法

(1) 吸引固定法：将带吸盘的侧臂放置在冠状动脉的两侧（图4-3-1），把连接管连接到术野外的负压吸引装置上，将固定器固定在开胸器上，根据目标血管的位置调整固定器的方向（图4-3-2）。

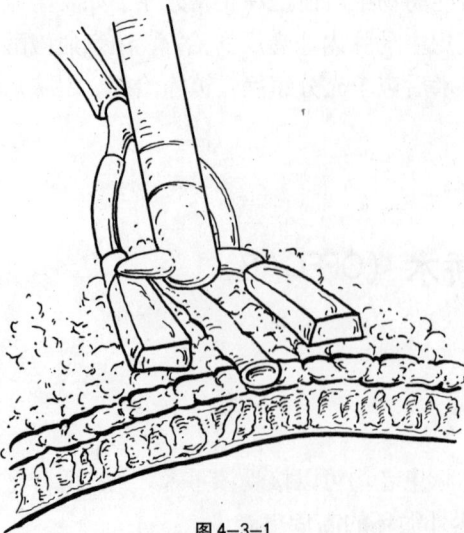

图4-3-1

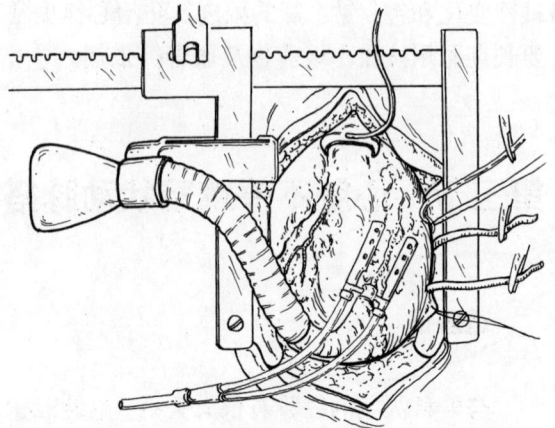

图4-3-2

(2) 压力固定法：用压力直接把固定器压片直接压在心脏靶血管处，容易引起循环不稳定且不易固定，容易滑动（图4-3-3）。

(3) 在左肺静脉汇合处及心尖部各缝一根固定线（图4-3-4），套入胶管拉起固定，可更好显露心脏（图4-3-5）。

保持术野局部清晰的方法：使用二氧化碳吹血器（图4-3-6）。用弹力线环绕缝过切口两端（图4-3-7）或用动脉夹阻断冠状动脉切口两侧（图4-3-8）。在冠状动脉切口两侧套阻断带（图4-3-9）。

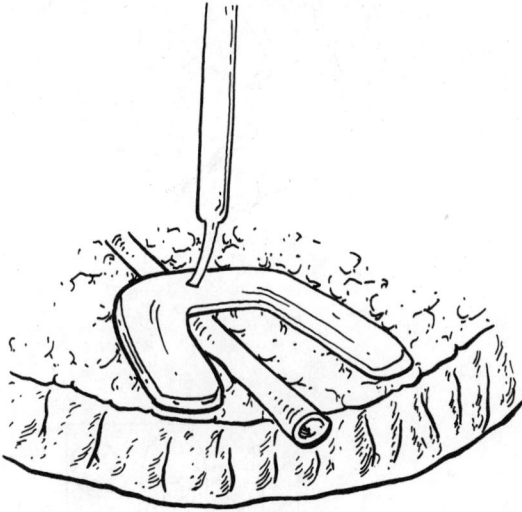

图 4-3-3

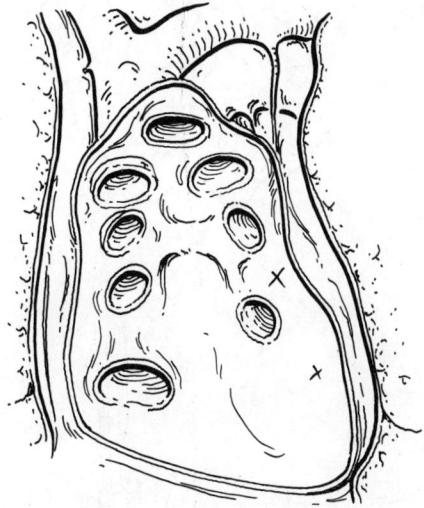

图 4-3-4

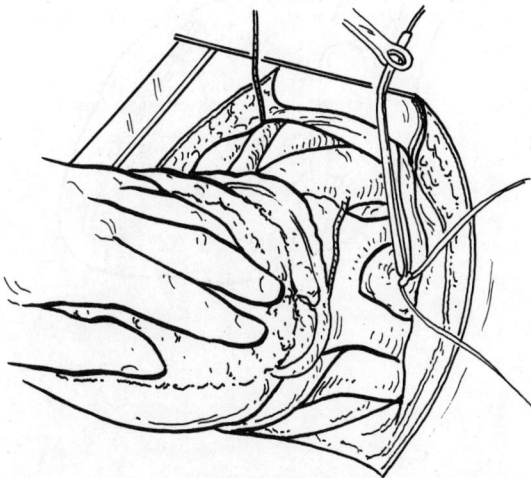

图 4-3-5

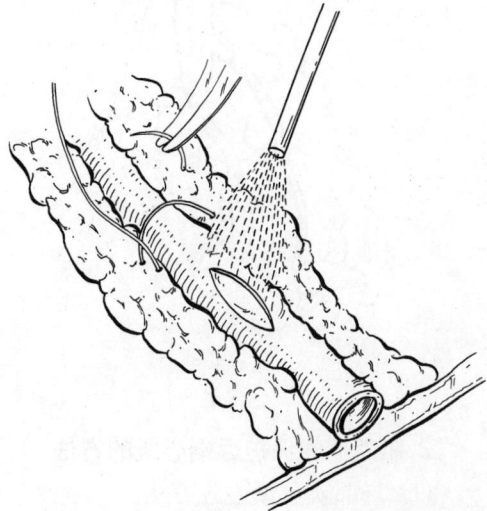

图 4-3-6

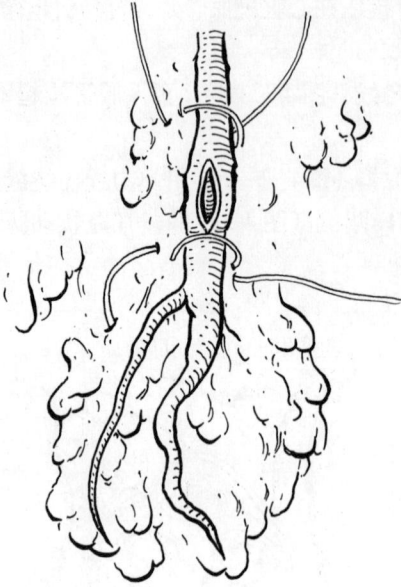

图 4-3-7

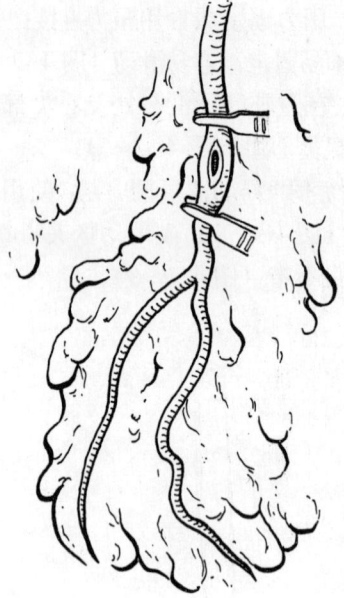

图 4-3-8

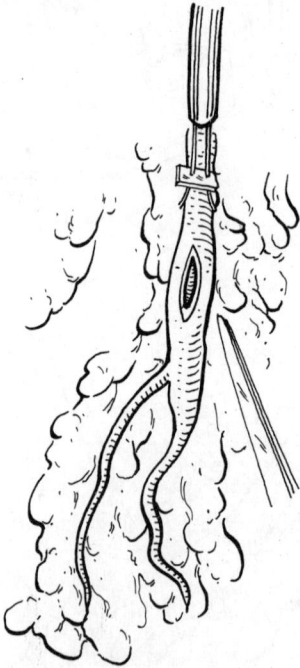

图 4-3-9

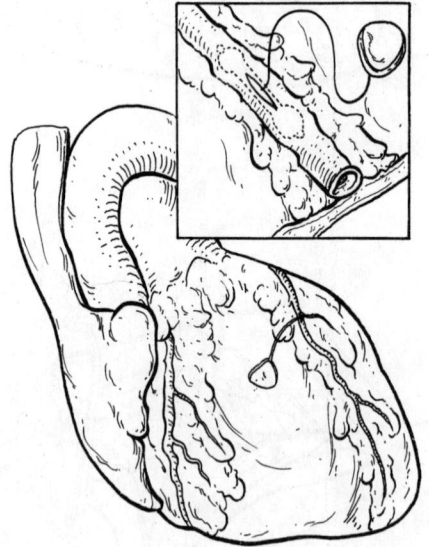

图 4-3-10

2.阻断期间保护远端心肌的方法

（1）局部缺血预适应方法。

（2）用冠状动脉内分流栓（图 4-3-10）。

（3）主动脉与冠状动脉远端的直接灌注（图4-3-11）。也有医生通过特殊设备将动脉血在舒张期注入远端心肌组织（图4-3-12）。

3.吻合方法

与体外循环下的搭桥术不同的是，需首先吻合前降支，使心肌可耐受进一步牵拉及压迫。具体吻合方法详见本章第二节。

术中要点

（1）手术要求麻醉平稳，心率在50~80次／分，肝素1mg/kg，监测ACT>350s。同时手术时需要麻醉师的密切配合，如在吻合不同处时，需要麻醉师变化手术台的位置，以利显露（图4-3-13）。

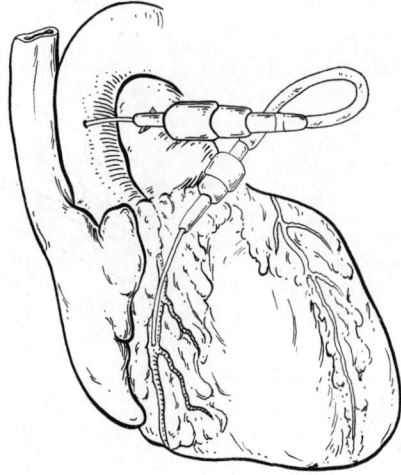

图4-3-11

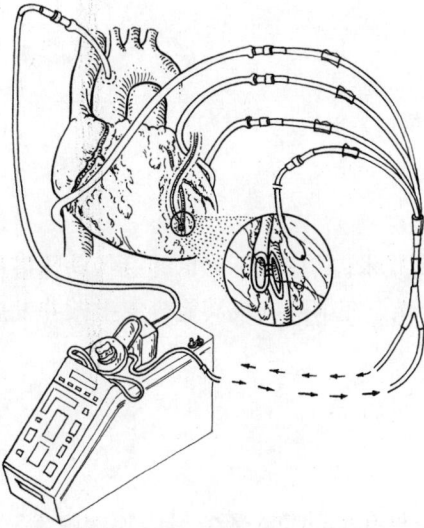

图4-3-12

图4-3-13

（2）血压的维持：由于多角度、大幅度地搬动心脏，可造成血压下降，需要麻醉师的密切配合，主要以患者头低位（图4-3-14），并配合血管活性药物。如果出现无法维持循环稳定时，应及时转为体外循环下的搭桥手术。

术后处理

详见本章第二节。

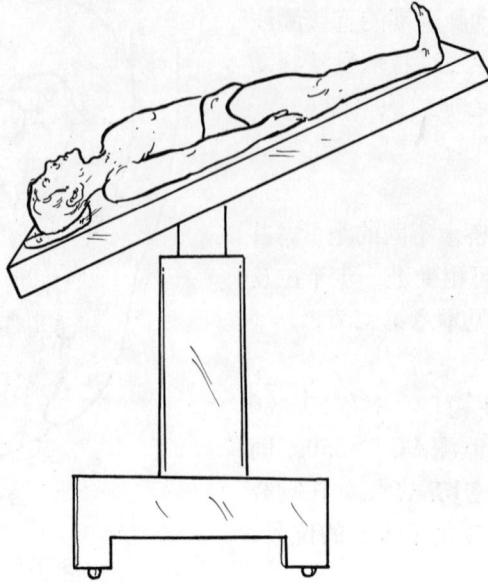

图 4-3-14

第四节　冠状动脉内膜剥脱术

适应证

冠状动脉完全堵塞或病变弥漫可先行内膜剥脱术。其疗效不如单纯冠状动脉搭桥术好，故应慎重。内膜剥脱术一般在右冠状动脉上做，在前降支或其他分支上做并发症较多，要慎重。一般在冠状动脉搭桥术中完成。

禁忌证

如冠状动脉粗大，管腔尚好或曾发生过心肌梗死的部位，不宜行内膜剥脱术。

手术步骤

内膜剥脱时，将硬化之内膜远端及其分支完整剥出，勿用暴力，以免远端断裂，堵塞远端。将前壁纵行切开5～10mm，栓芯周围较疏松，用骨膜剥离子分离外膜与带有硬化斑块的心内膜（图4-4-1），充分游离后，钳夹栓芯的近端，轻轻牵拉（图4-4-2）。向远端剥离，缓慢牵拉栓芯予以取出（图4-4-3）。不可用暴力和剪刀剪，力求完整，并可见远端分支（图4-4-4）。

128

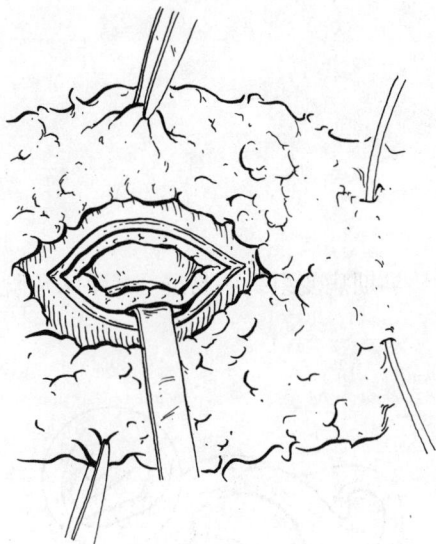

图 4-4-1

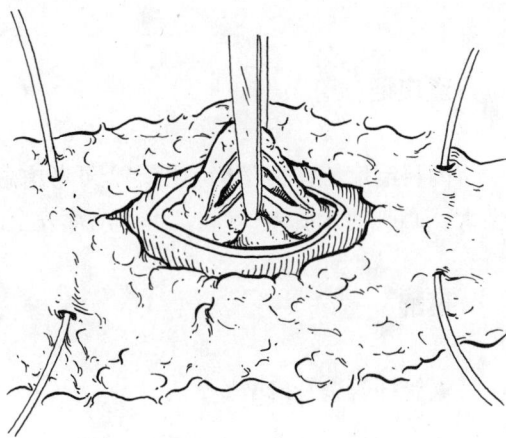

图 4-4-2

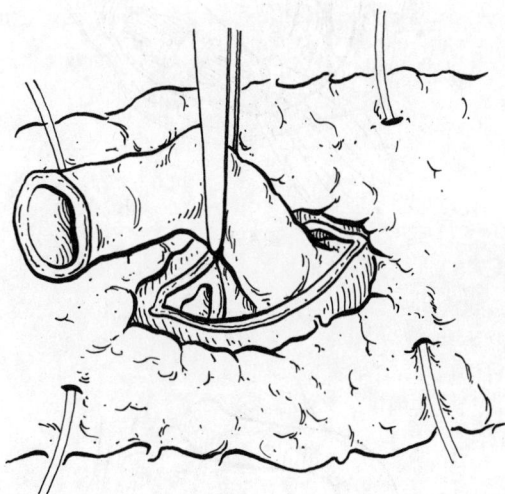

图 4-4-3

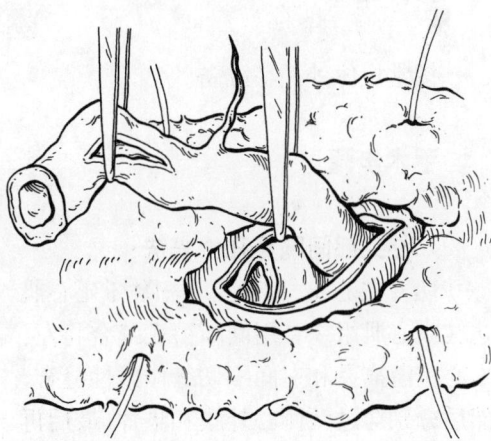

图 4-4-4

术中要点

栓芯取出后要仔细观察是否完整，应尽量充分剥出，否则疗效不佳。

术后处理

因围手术期心肌梗死发生率高，应动态观察心电图及心肌酶谱变化，术后应予抗凝治疗。用骨膜剥离子。其余同本章第二节。

第五节　室间隔穿孔的外科治疗

适应证

内科治疗流动力学仍不稳定，可考虑急诊手术，早期病变组织不易缝合，手术危险性大。心肌梗死后4~6周，手术治疗安全。

麻醉

气管插管全身麻醉。

体位及切口

仰卧位，肩胛间垫高。胸骨正中切口。

体外循环

按常规体外循环准备。

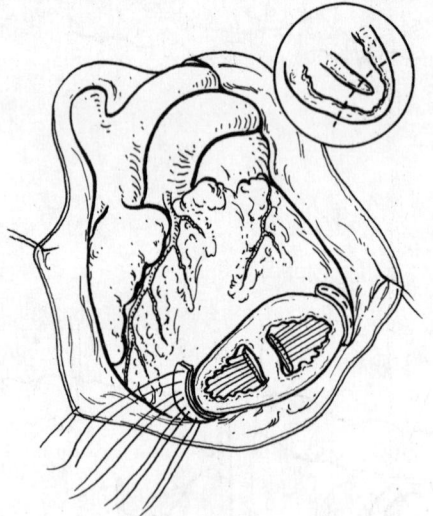

图4-5-1

手术步骤

1.心尖部间隔穿孔修复法

切开左心室梗死区，去除坏死心肌达健康心肌组织，用间断褥式缝合将左、右心室游离壁和室间隔切缘作线性缝合，然后分别穿过两侧心外膜和垫片，最后再用连续缝合法加固缝合（图4-5-1）。

2.后下间隔穿孔修补法

将心尖牵向前方，切除坏死组织，用带垫片缝线间断褥式从右心室侧进针，穿过补片结扎，将补片置于右心室侧（图4-5-2）。然后用间断褥式缝合，缝线从右心室侧切缘进针，穿过全层，并穿过另一补片将右心室侧缝合（图4-5-3），也可将缝线直接穿过室间隔补片，再用另一组缝

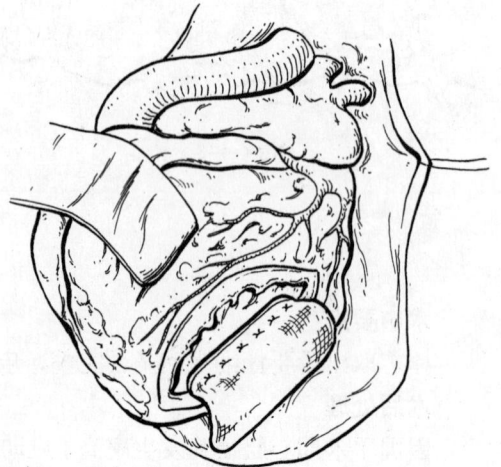

图4-5-2

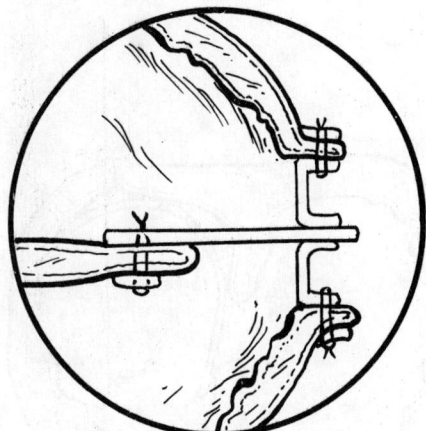

图 4-5-3

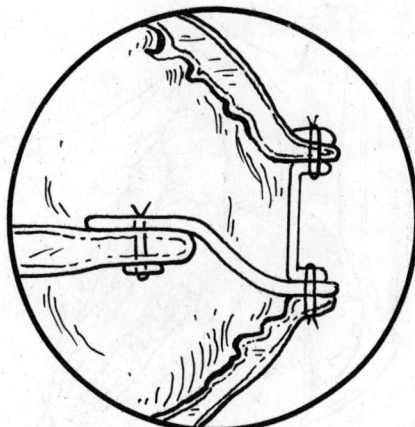

图 4-5-4

线从左心室侧进针穿过另一补片，最后将补片的游离缘缝合在一起（图 4-5-4）。

3.后上间隔穿孔修补法

用牛心包或经戊二醛处理的自体心包片用连续缝合法缝合在室间隔的左心室侧（图 4-5-5），然后用间断缝合法将补片缝在左心室切口的游离缘上（图 4-5-6），最后用"三明治法"加固缝合心脏切口（图 4-5-7）。缝合结果的剖面图效果如图 4-5-8。

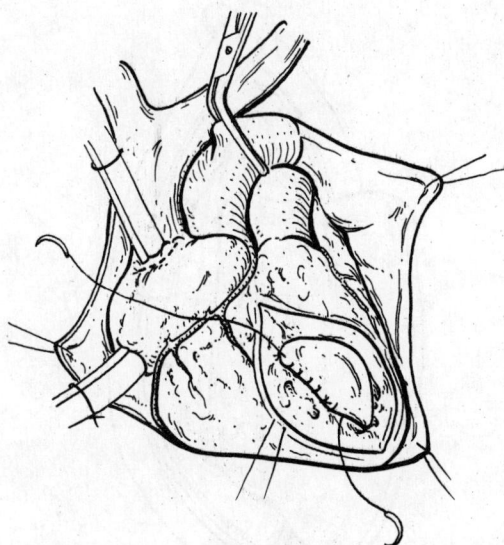

图 4-5-5

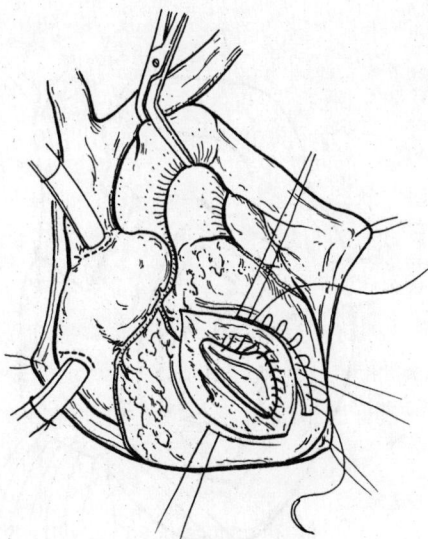

图 4-5-6

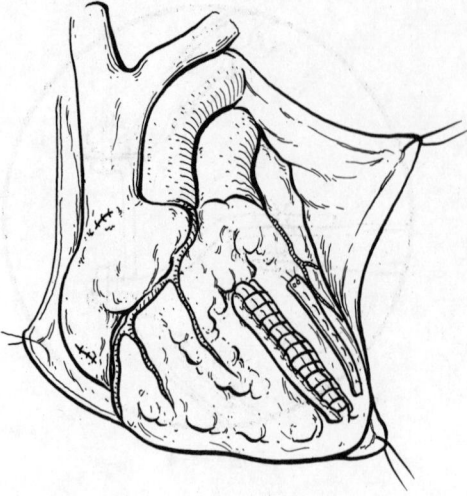

图 4-5-7

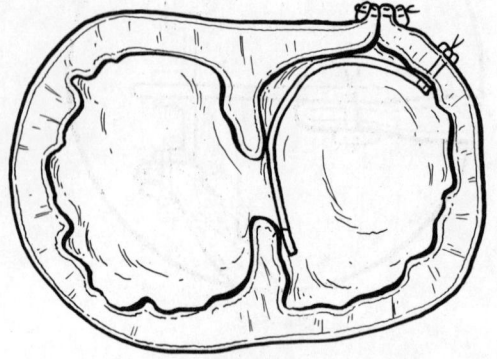

图 4-5-8

4.前部间隔穿孔修补法

经左心室心肌梗死区行切口显露室间隔穿孔部位，人工补片要足够大，应能覆盖室间隔缺损及周围的室壁梗死区（图4-5-9），用带垫片缝线从右心室侧进针，左心室侧出针，并穿过垫片结扎固定（图4-5-10）。用间断褥式缝合将左、右心室壁切口缘及室间隔补片游离缘一次性缝合在一起，最后连续缝合加固（图4-5-11）。缝合结果的剖面图效果如图4-5-12。

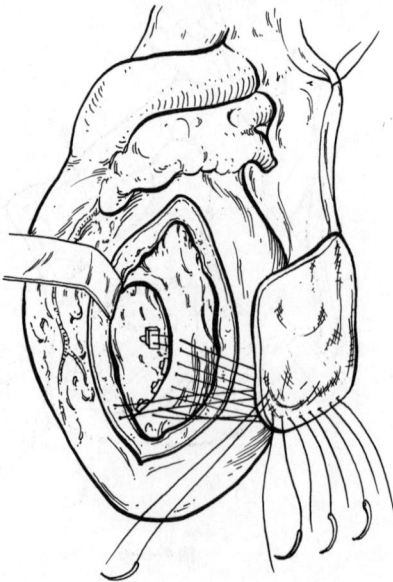

图 4-5-9

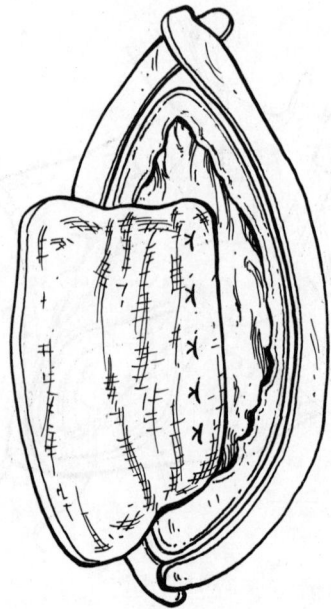

图 4-5-10

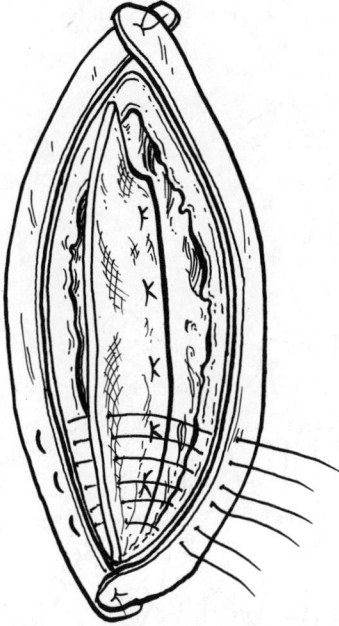

图 4-5-11

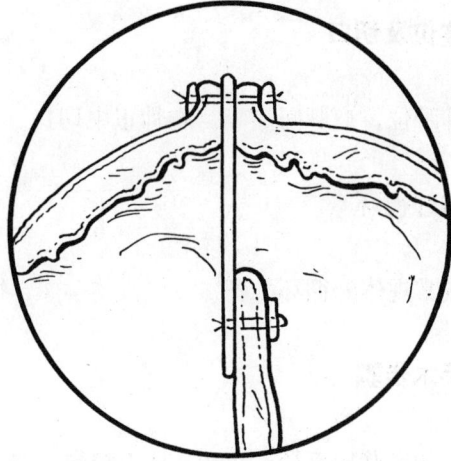

图 4-5-12

术中要点

术中注意探查,防止漏诊。多发穿孔术中缝线必须缝在健康心肌上,防止术后延迟性间隔破裂。补片要足够大,以维持左心室的正常几何形状,减少切口张力。

术后处理

由于术前不同程度存在左心室收缩功能降低,术后注意心功能的维持,必要时尽早使用主动脉球囊反搏(IABP)。防治室性心律失常。

第六节　室壁瘤切除术

手术指征

室壁瘤小,左心室舒张末压正常. 无附壁血栓及心律异常,只需行冠状动脉旁路移植手术。如室壁瘤大,影响心功能,应手术治疗。

禁忌证

如患者空壁瘤巨大,EF(左心室射血分数)< 20%,冠状动脉病变广泛,三支病变,血管条件不适合旁路移植,则可考虑心脏移植术。

麻醉

气管插管全身麻醉。

体位及切口

仰卧位，肩胛间垫高。胸骨正中切口。

体外循环

按常规体外循环准备。

手术步骤

1. 如室壁瘤直径＜2cm，且心腔内无血栓，可在心外直接折叠缝合（图4-6-1）。

2. 如室壁瘤直径范围在2~4cm时，可在切除室壁瘤后直接用"三明治法"缝合心脏切口（图4-6-2）。切除纤维化瘤壁时保留与正常心肌之间的部分瘤壁以利于缝合（图4-6-3）。

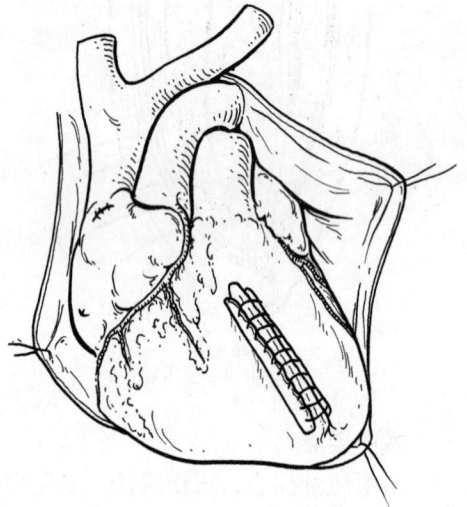

图 4-6-1

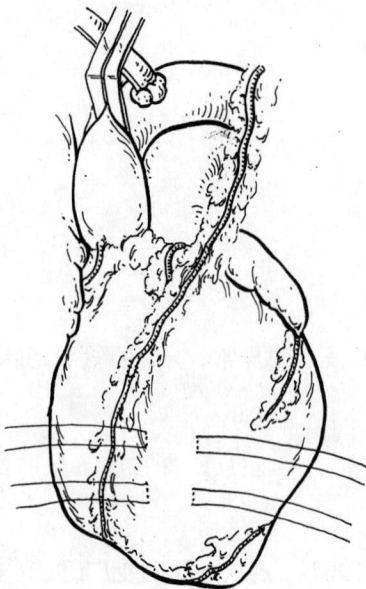

图 4-6-2

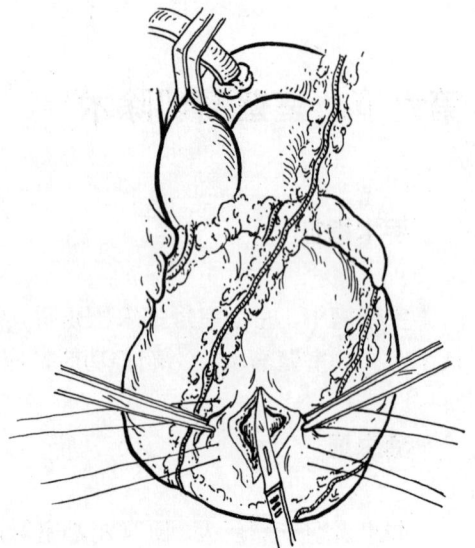

图 4-6-3

3.室壁瘤直径＞4cm时，可采用Dor氏手术方法行左心室重建术。切开瘤体后，切除纤维化心肌组织（图4-6-4），用双头针的一端由瘤壁外进针，沿正常心肌边缘平行褥式缝合，最后由瘤壁穿出，与另一端打结（图4-6-5）。再用人工补片剪成与心室切口一样的形状（图4-6-6），沿正常心肌与瘤壁交界连续缝合（图4-6-7），最后用毡片加固缝合心脏切口（图4-6-8）。

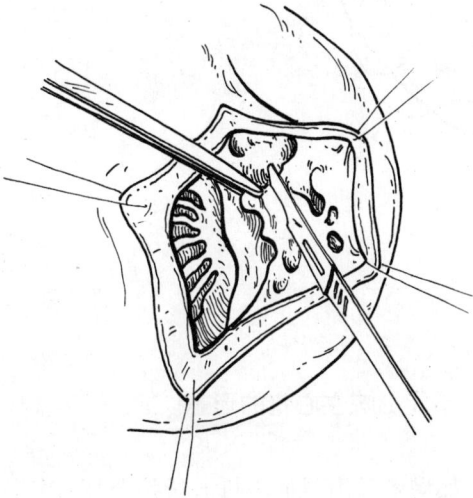

图 4-6-4

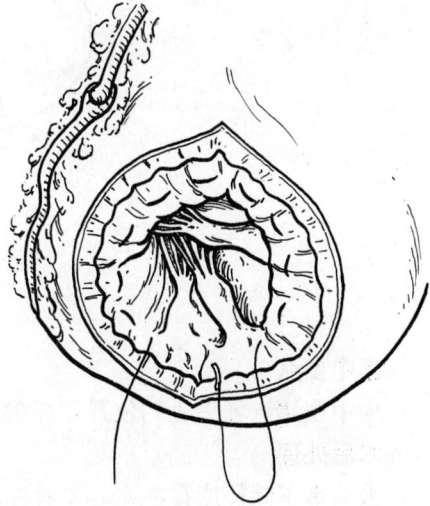

图 4-6-5

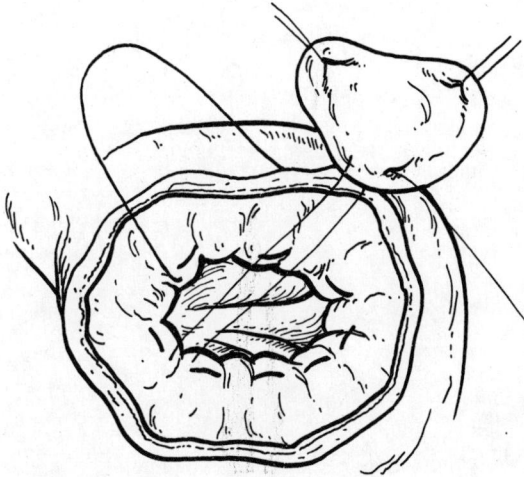

图 4-6-6

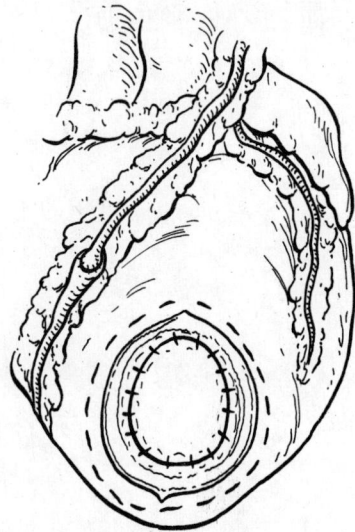

图 4-6-7

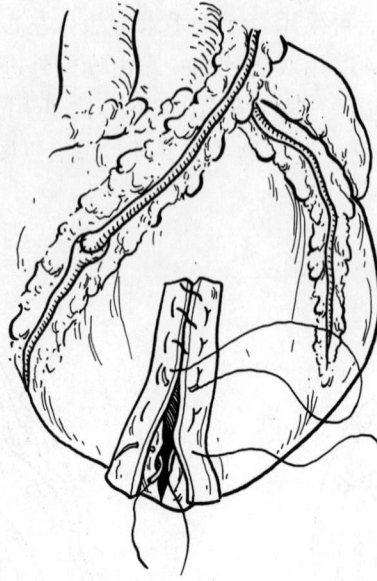

图 4-6-8

术中要点

术中要注意乳头肌的位置和二尖瓣的情况，不能影响左心室的形态。

术后处理

术前多不同程度存在左心室收缩功能障碍，如果术后出现低心排血量综合征，应尽早应用 IABP。其余同本章第二节。

第5章　胸主动脉手术

第一节　主动脉弓部手术

适应证

主动脉直径＞5cm，或直径增长率＞0.5cm/年，症状如胸痛及神经受累，表现明显。

禁忌证

重要脏器功能不全，不能耐受手术者；不可逆脑损害者。

麻醉

气管插管全身麻醉。

体位及切口

仰卧位，胸骨正中切口或正中联合左前外切口（需处理左锁骨下动脉）（图5-1-1）或左后外侧切口（处理降主动脉）。

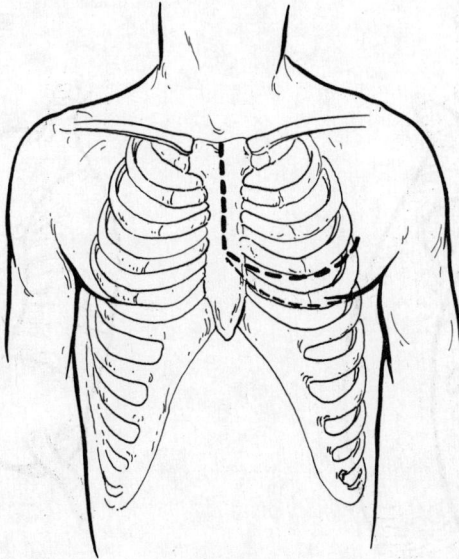

图5-1-1

体外循环

较普通体外循环手术复杂，需要在深低温停循环下完成。动脉插管一般采用腋动脉及股动脉插管。静脉插管可在开胸后行上、下腔静脉直接插管或使用股静脉插管技术。深低温停循环期间脑保护可采用选择性直接脑灌注或经上腔静脉逆行脑灌注方法。

手术步骤

主动脉的处理可行主动脉全弓置换术（图5-1-2）、主动脉全弓置换术加"象鼻"手术（图5-1-3）、主动脉半弓置换术（图5-1-4）、单纯升主动脉置换术（图5-1-5）及降主动脉置换术（图5-1-6）。

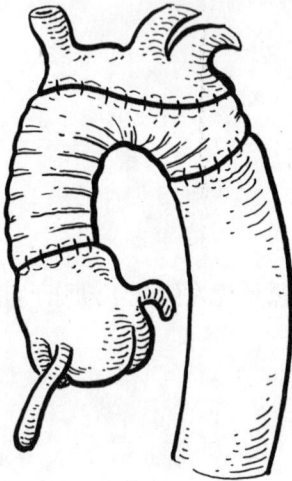

图 5-1-2

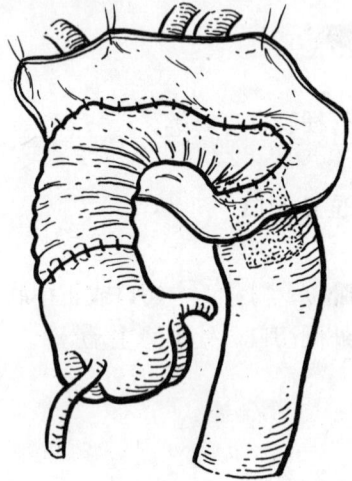

图 5-1-3

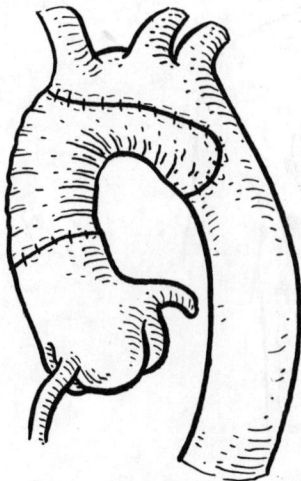

图 5-1-4

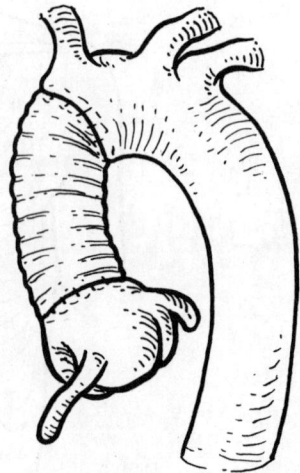

图 5-1-5

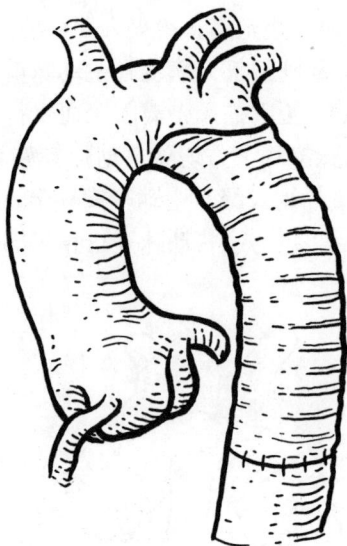

图 5-1-6

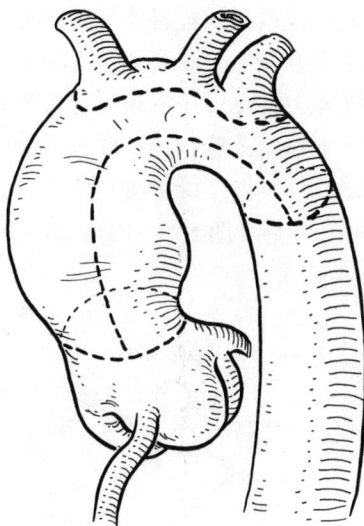

图 5-1-7

1.主动脉全弓置换术与主动脉根部置换术

病变血管切除范围见图5-1-7,如果头臂血管开口处未受累及,可将其周围正常的主动脉壁一并切下,形成血管岛以利吻合,远端主动脉切除往往显露困难,可先行部分切开。先行远端吻合,采取开放式吻合技术,采用3-0 Prolene 线连续缝合,并常规加用"象鼻"技术:把人工血管近端向内翻入至远端人造血管内并用粗丝线做牵引(图5-1-8),将此人工血管放入远端主动脉腔内,把折缘与主动脉断端作连续全层缝合(图5-1-9)。最后将翻入的人工血管近端拉出与头臂血管岛状片行连续缝合(图5-1-10)。然

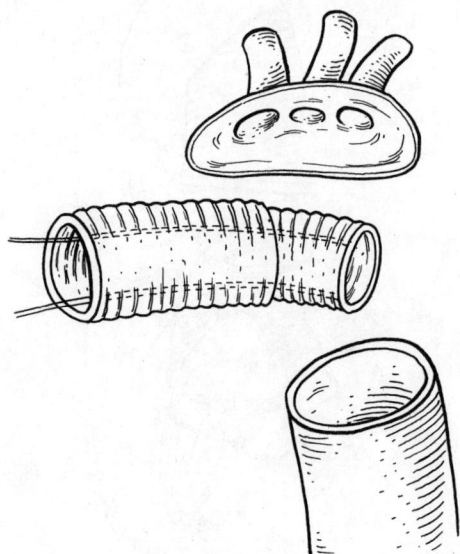

图 5-1-8

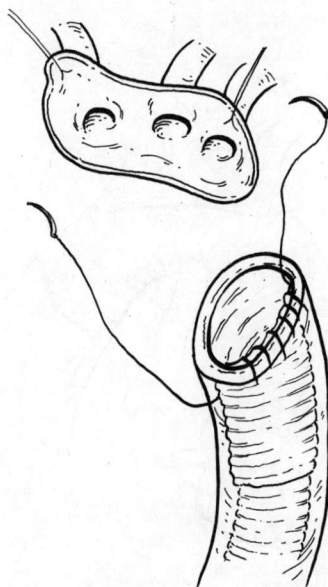

图 5-1-9

141

后通过顺行或逆行脑灌注来完成脑血管排气，并将吻合处充满。钳夹人工血管的近端，通过其侧支开始顺行全身灌注（图5-1-11）。如果主动脉根部无病变且主动脉瓣功能正常，可将人工血管与升主动脉直接吻合（图5-1-12），否则需用带瓣人工血管行主动脉根部替换加冠状动脉移植，即Bentall手术；在主动脉瓣环上方切除主动脉，游离出左、右冠状动脉，并将开口按纽扣状切下。用双头针带垫片褥式缝于主动脉瓣环上，缝合要严密，防止出血（图5-1-13）；落入人工带瓣血管后，在与冠状动脉开口相应部位的人

图 5-1-10

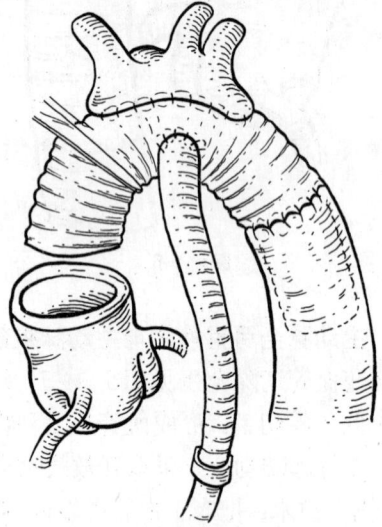

图 5-1-11

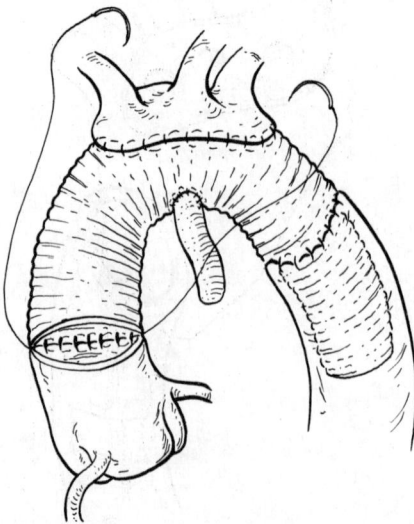

图 5-1-12

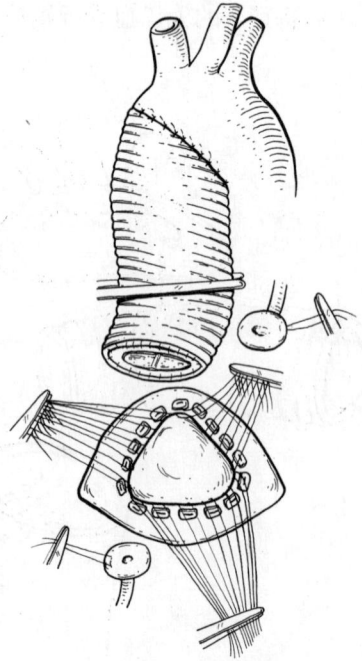

图 5-1-13

工血管壁上开口，与冠状动脉吻合（图 5-1-14）。为预防人工血管成角，可用另外一段人工血管先与升主动脉近心端吻合，然后将人工血管端端吻合（图 5-1-15）。

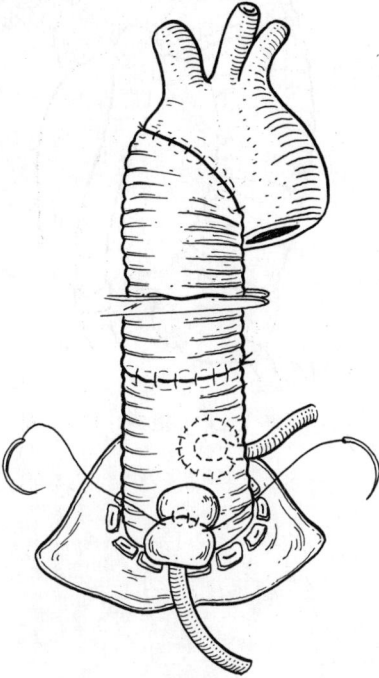

图 5-1-14

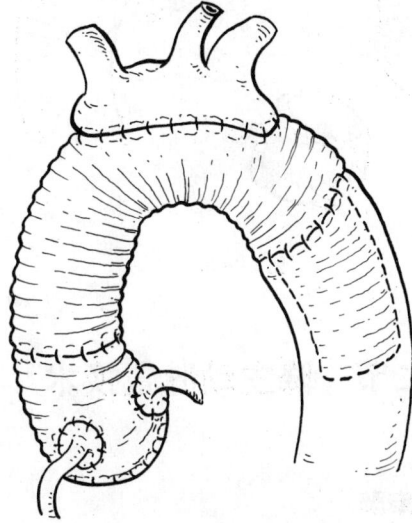

图 5-1-15

2.主动脉半弓置换术

切除主动脉弓的小弯侧，然后将人工血管修剪成相应的形状，先缝后壁，一定要确实，因为开放循环后该处操作困难（图 5-1-16）。通过顺行或逆行脑灌注来完成脑血管的排气。钳夹人工血管的近端，通过其侧支开始顺行全身体外循环灌注。近端一般采用人工血管对人工血管的吻合方式，这样能形成合适的血管弯曲（图 5-1-17）。

术中要点

操作轻柔准确，吻合口要平顺，对位精确。缝线既要拉紧又不要撕脱。吻合升主动脉人工血管，要注意心脏空虚与膨胀后的区别，确定人工血管长度，防止心脏复跳后成角。尽可能缩短体外循环深低温停循环时间，选择合适的脑保护方法。近来，出现处理远端的新技术，即术中向远端放置自膨式支架人工血管，然后将弓部人工血管缝在该支架人工的近心端，简化手术程序。

术后处理

在术后早期应严格控制血压，可以降低吻合口出血的风险。一般成人收缩压术后早期控制在 $100 \sim 130 mmHg$。维持充足的心脏前负荷，保证机体的有效灌注。注意神经系统的功能改变，如神志状态及肢体活动情况。主动脉手术后并发症发生率较高，需术后全面和仔细监测。

143

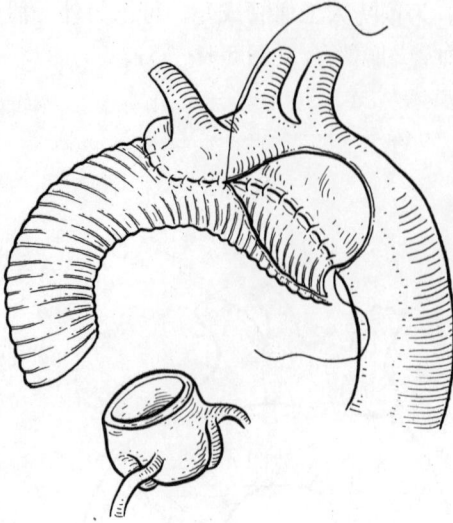

图 5-1-16

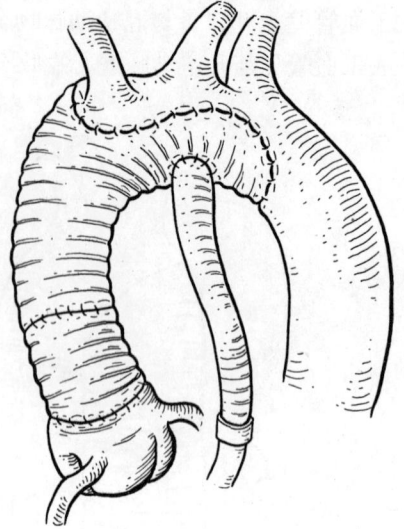

图 5-1-17

第二节　降主动脉置换术

麻醉

气管插管全身麻醉，必要时行双腔气管插管。

体位及切口

右侧 90°卧位，左侧后外侧切口。

手术步骤

采用股静脉、股动脉转流或左心转流（主动脉受累范围小，不需要深低温停循环时）。使用左心转流时，要平衡上下半身的流量，防止室颤发生。采用深低温停循环时，通过静脉插管行全身逆行灌注，保持中心静脉压在 15～20mmHg，行近端开放式吻合后，通过人工血管侧支开始上半身的顺行灌注（图 5-2-1），最后完成远端吻合（图 5-2-2）。

术中要点

对于降主动脉瘤本身不做过度游离，因为不易分开，一旦破裂出血无法控制。要保护 5～8 肋间动脉，如果手术操作时间长，可通过股动脉灌注来保护脊髓功能。

术后处理

详见本章第一节。

144

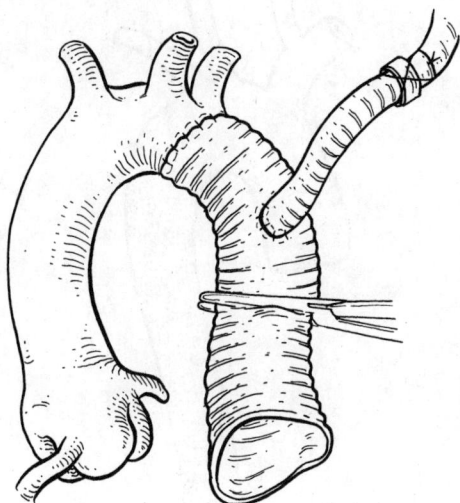

图 5-2-1

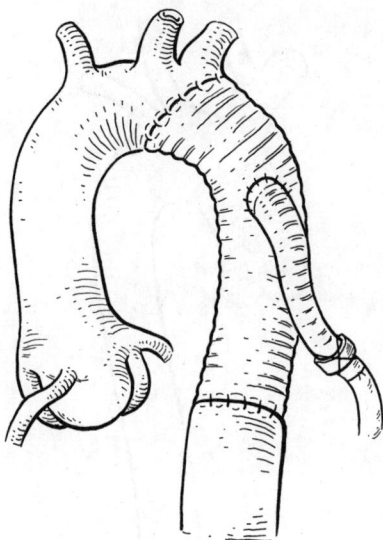

图 5-2-2

第三节　主动脉夹层手术

（一）DeBakey 分型

Ⅰ型：夹层累及升主动脉、主动脉弓部、胸主动脉、腹主动脉大部或全部（图5-3-1）。

Ⅱ型：夹层累及升主动脉（图5-3-2）。

Ⅲ型：又分为 Ⅲa 型、Ⅲb 型。Ⅲa 型夹层累及胸主动脉，Ⅲb 型夹层累及胸主动脉、腹主动脉大部或全部（图 5-3-3）。

适应证

DeBakey Ⅰ型、DeBakey Ⅱ型主动脉夹层，无论是急性期或慢性期，均采取以手术治疗为主。

DeBakey Ⅲ型主动脉夹层急性期手术治疗效果与药物治疗相近，且截瘫发生率及死亡率较高，可采用药物治疗。出现以下征象时，应急诊手术：主动脉破裂征象（大量胸腔积血，出血性休克）；主动脉破裂倾向者

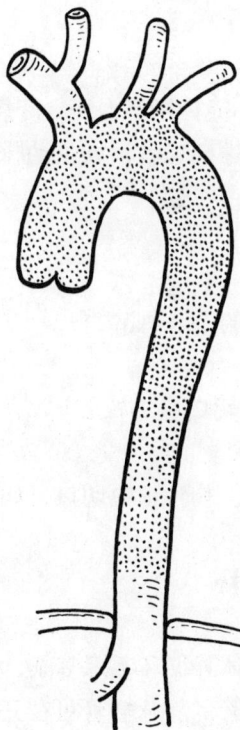

图 5-3-1

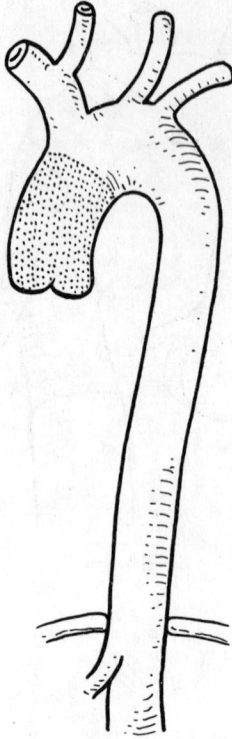

图 5-3-2

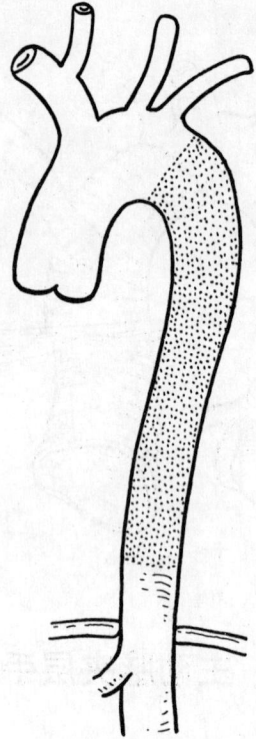

图 5-3-3

（药物治疗不能控制高血压，疼痛不能缓解，主动脉直径短期内迅速增大）；重要脏器供血障碍。慢性期患者，如主动脉直径不断增大或有局限隆起者，也应采用手术治疗。

麻醉

气管插管全身麻醉。

体位及切口

仰卧位。胸骨正中切口，如需同时行弓部及头臂血管替换，向左颈部延长切口。

体外循环

较普通体外循环手术复杂，需要在深低温停循环下完成。动脉插管一般采用腋动脉及股动脉插管。静脉插管可在开胸后行上、下腔静脉直接插管或使用股静脉插管技术。深低温停循环期间脑保护可采用选择性直接脑灌注或经上腔静脉逆行脑灌注方法。

手术步骤

升主动脉替换术：右锁骨下动脉插动脉管，右心房插静脉引流管，于右上肺静脉放置左心引流管。需同时完成弓部替换术或"象鼻"手术（elephant trunk）（详见本章第一节）。

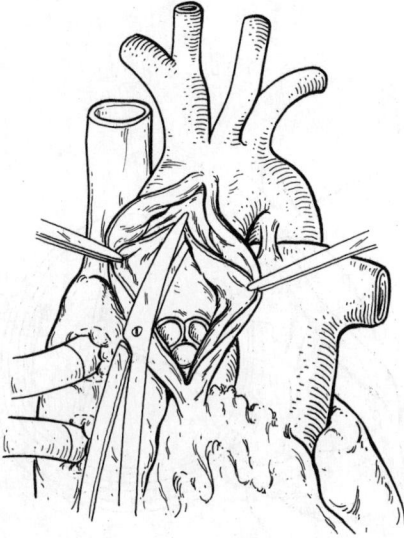

图 5-3-4

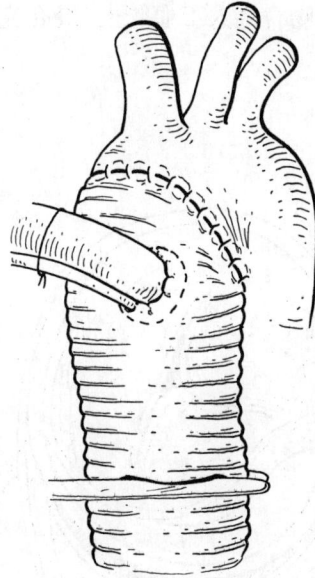

图 5-3-5

切开升主动脉检查血管内膜受累情况及破口位置（图5-3-4）。如果夹层未累及主动脉瓣或冠状动脉开口，可行单纯升主动脉置换术（图5-3-5），在主动脉窦管交界处横断升主动脉，"三明治法"处理近心端，然后与人工血管作吻合（图5-3-6）。

如果夹层范围较广，累及主动脉根部，或合并主动脉瓣关闭不全，则需要行主动脉根部置换术（详见本章第一节）。

如果夹层累及主动脉窦，但未累及冠状动脉开口及主动脉瓣，可行主动脉根部成形术。在主动脉窦管交界处横断升主动脉，把人工血管片剪成合适形状，与近端主动脉缝

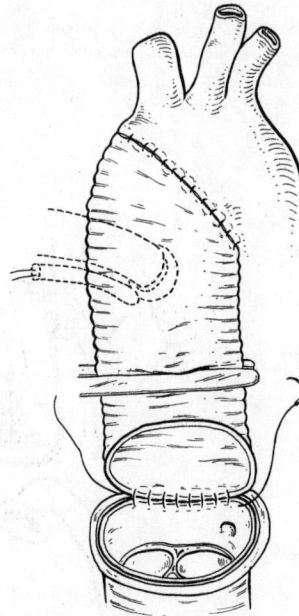

图 5-3-6

合（图 5-3-7），再与口径相当的人工血管行端端吻合的远端吻合（图 5-3-8）。

　　如果夹层累及主动脉瓣，引起主动脉瓣关闭不全及冠状动脉开口，但主动脉瓣环无显著扩张者可行保留主动脉瓣的根部置换术。先游离出左、右冠状动脉开口状，切除升主动脉达主动脉瓣环上 3~5mm（图 5-3-9），人工血管近心端按主动脉瓣窦形状剪成扇贝状，将其与主动脉窦壁对应连续缝合，瓣交界固定于人工血管"扇贝"的交界处，注意保持主动脉瓣环自然形状，防止主动脉瓣关闭不全（图 5-3-10）。最后将游离的冠状动脉开口吻合到人工血管上。缝合完毕可用注水试验检查有无主动脉瓣关闭（Yacoub 方

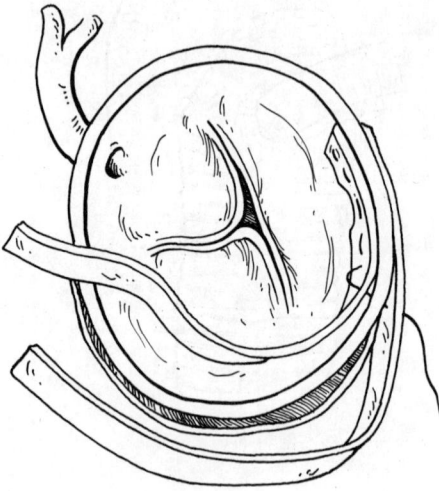

图 5-3-7

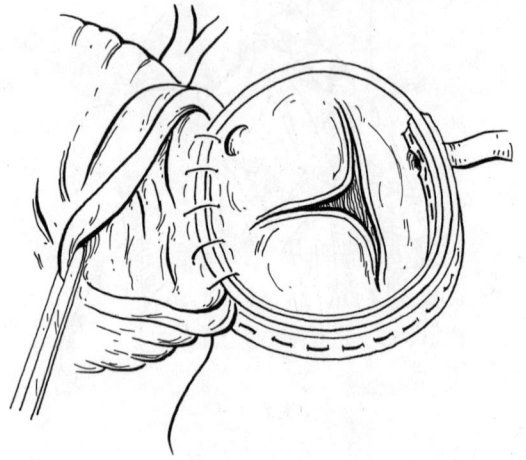

图 5-3-8

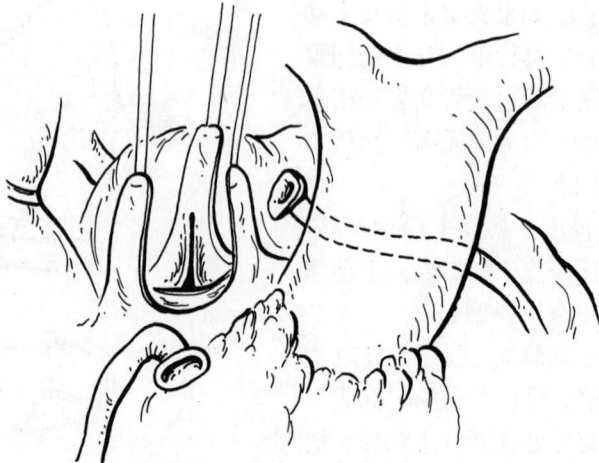

图 5-3-9

法）。另一种方法是沿主动脉瓣上平行弧形切除主动脉窦壁，将主动脉瓣环固定到人工血管内（图5-3-11），然后将主动脉瓣叶交界处的主动脉壁按自然形状固定在人工血管上（图5-3-12），该方法术后能减少残余窦扩张的并发症（David I方法）。

远心端的处理：深低温停循环后行选择性脑灌注。探查远心端。夹层未累及主动脉弓者，在病变远端横断升主动脉，与人工血管端端吻合。夹层累及升主动脉、主动脉弓，远端假腔较小，可于无名动脉开口近端横断主动脉，用"三明治法"或生物胶闭合假腔，与人造血管端端吻合（图5-3-13）（也可同样处理近心端）。夹层累及升主动脉及主动脉弓者，根据累及的范围，可行部分主动脉弓或全弓替换术（详见本章第一节）。

近来也有人采用术中向远端放置自膨式支架人工血管，然后将弓部人工血管缝在该支架人工的近心端的方法。

术中要点

由于主动脉质量差，在吻合口处需加毡条，缝合要针距均匀，缝线要拉紧。人工血管的长度处理非常重要，因为空虚状态下明显短缩。如果过长在开放循环后可造成扭曲，过短可造成局部张力大，增加吻合出血的风险。术中渗血常见，可给予血液制品如纤维蛋白原、冷沉淀等。术中常规使用自体血回输装置。

术后处理

应严格控制血压，减少吻合口出血的风险。一般成人收缩压术后早期控制在100～130mmHg。要保证机体的有效灌注，必须维持充足的心脏前负荷。注意神经系统的功能改变，如神志状态及肢体活动情况。

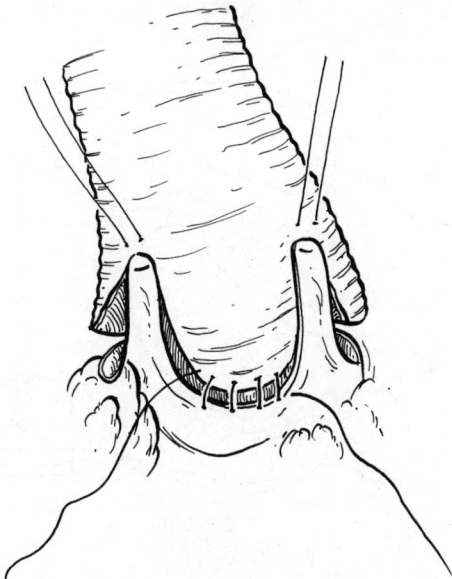

图 5-3-10

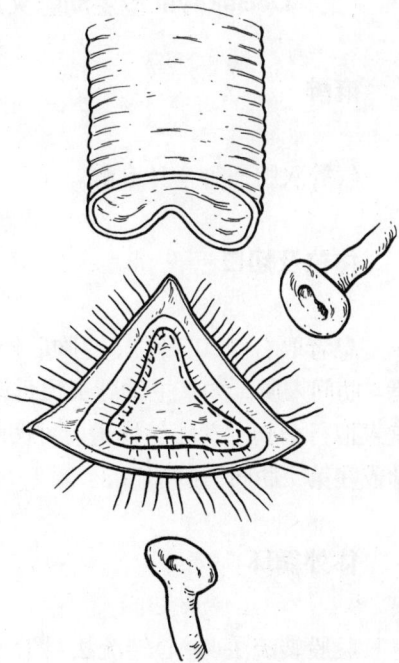

图 5-3-11

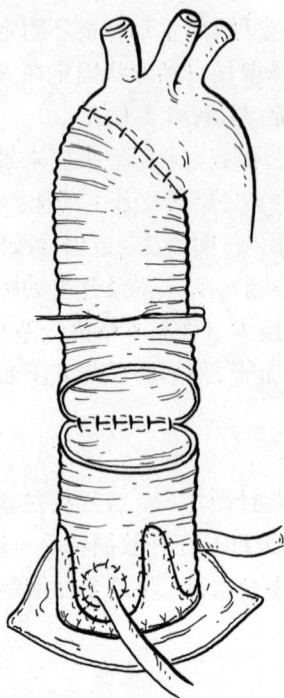

图 5-3-12

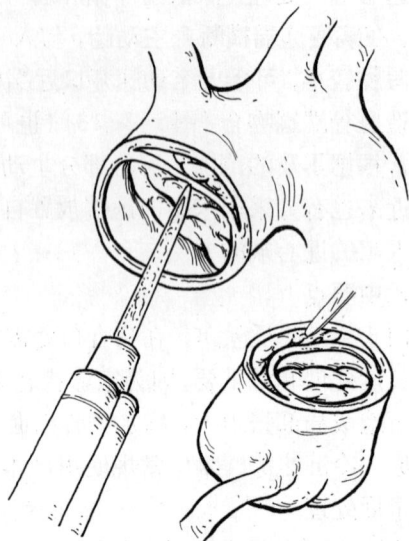

图 5-3-13

（二）DeBakeyⅢ型主动脉夹层的手术治疗

麻醉

气管双腔插管全身麻醉。

体位及切口

患者取右侧90°卧位，左胸后外侧切口，第4肋间入胸。如果主动脉夹层远端显露较差或拟行全胸主动脉替换术，可切断第5肋骨或在第7肋间另做切口。

体外循环

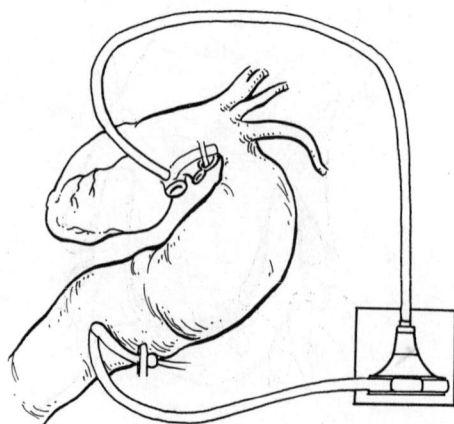

图 5-3-14

股股转流法，左心转流法（图5-3-14），深低温停循环法。

手术步骤

进胸后游离出左颈总动脉远端的主动脉弓。保护迷走神经、膈神经及喉返神经，避免损伤肺动脉和食管。在左颈总动脉与左锁骨下动脉之间阻断主动脉及左锁骨下动脉。于第5和第6肋间动脉水平阻断远端主动脉。纵行切开主动脉壁，查看破口位置、真假腔及左锁骨下动脉开口位置（图5-3-15）。缝闭第1~5对肋间动脉开口（图5-3-16）。在左锁骨下动脉开口远端横断胸主动脉，行与人工血管的端端吻合（图5-3-17）。根据远端主动脉夹层的病变情况决定人工血管置换长度：如果远端主动脉增粗不明显，可在第5肋间动脉水平横断主动脉，用"三明治法"闭合假腔后，与人工血管行端端吻合。如果远端主动脉有病变则在膈肌上阻断主动脉，将第6~12对肋间动脉开口处主动脉壁修剪成一血管岛（图5-3-18），做肋间动脉开口与人造血管的端侧吻合（图5-3-19）。

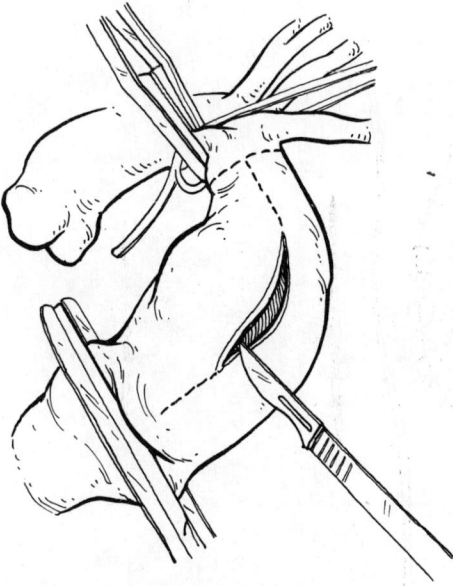

图 5-3-15

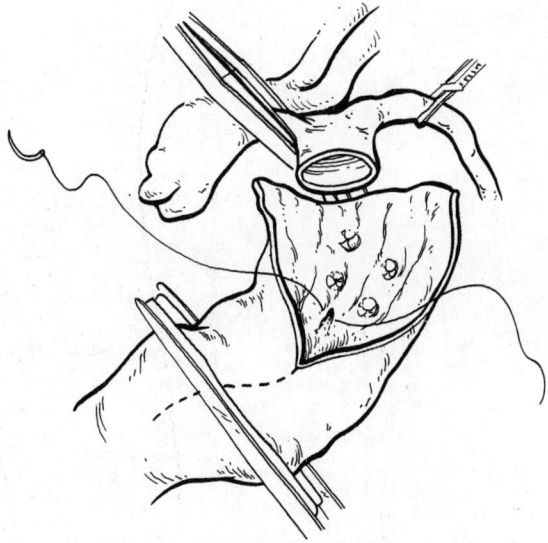

图 5-3-16

术中要点

术中要特别注意脑保护及脊髓保护。脑保护除需低温外还应行选择性顺行脑灌注。处理降主动脉病变时要重建第8肋间动脉以后的肋间动脉。下肢动脉压监测。

151

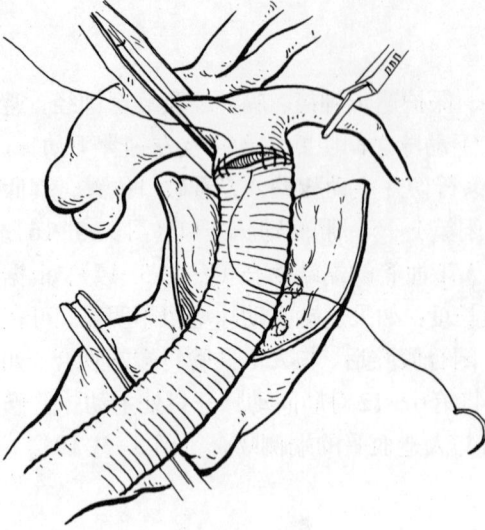

图 5-3-17

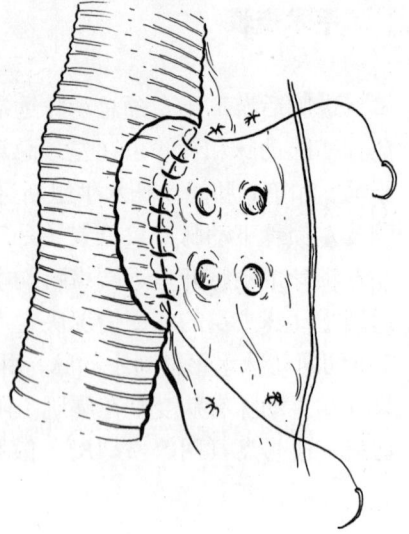

图 5-3-18

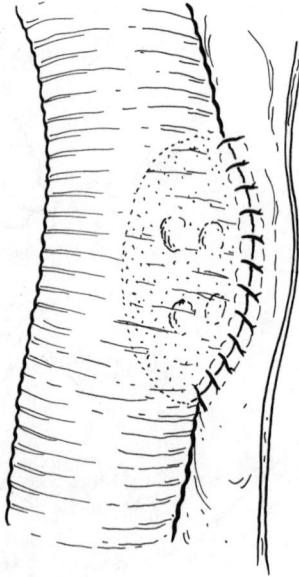

图 5-3-19

术后处理

控制术后血压，防止血压过高吻合口造成出血。观察四肢特别是下肢动脉变化，了解是否夹层继续剥离以及动脉吻合口是否通畅。监测尿量与肾功能指标，及时纠正低血容量。密切注意神经系统变化。

近年来血管介入手术方兴未艾，部分DeBakey III型主动脉夹层可以采用该方法治疗。

参 考 文 献

[1] 胡盛寿，黄方炯.冠心病外科治疗学[M]. 北京：科学出版社.

[2] 宋先忠.实用胸心外科学[M]. 郑州：河南医科大学出版社，2000.

[3] 丁文样，苏肇伉.小儿心脏外科学[M]. 济南：山东科学技术出版社，2000.

[4] 汪曾伟，刘维永，张宝仁.心脏外科学[M]. 北京：人民军医出版社，2003.

[5] 吴清玉.心脏外科学[M]. 济南：山东科学技术出版社，2003.

[6] Timothy J. Gardner & Thomas L. Spray. Operative Cardiac Surgery[M]. Arnold, a member of the Hodder Headline Group, 2003.

[7] L. Henry Edmunds, Jr. Cardiac Surgery in the Adult[M]. McGraw-Hill Companies, 1997.

[8] John W. Kirklin, Brian Barratt-Boys. Cardiac Surgery[M]. Churchill Livingston Inc, 1993.

[9] Richard A. Jonas. Comprehensive Surgical Management of Congenital Heart Disease [M]. Arnold, a member of the Hodder Headline Group, 2004.

[10] Constantine Mavroudis, Carl L. Backer. Pediatric Cardiac Surgery[M]. Elsevier Pte Ltd, 2004.

[11] Siavosh Khonsari Collen Flint Sintek. Safeguards and Pitfalls in Operative Technique [M]. Lippincott Williams & Wilkins, 2003.